法 哲 学

(重排本)

〔美〕安德瑞·马默（Andrei Marmor） 著

孙海波　王　进　译

著作权合同登记号 图字:01-2013-6095
图书在版编目(CIP)数据

法哲学:重排本/(美)安德瑞·马默著;孙海波,王进译. —2 版. —北京:北京大学出版社,2024.1
ISBN 978-7-301-34325-8

Ⅰ.①法… Ⅱ.①安… ②孙… ③王… Ⅲ.①法哲学 Ⅳ.①D90

中国国家版本馆 CIP 数据核字(2023)第 191652 号

Copyright © 2011 by Princeton University Press
Published by Princeton University Press, 41 William Street,
Princeton, New Jersey 08540
Philosophy of Law/Andrei Marmor
All right reserved. No part of this book may be reproduced or transmitted in any form or by any means, electronic or mechanical, including photocopying, recording or by any information storage and retrieval system, without permission in writing from the Publisher.
所有著作权利保留。若无出版商允许,本书的任何部分不得复制或以电子或机械、包括影印、录音或通过任何信息存储和检索系统等任何形式发行、传播。

书　　　名	法哲学(重排本) FAZHEXUE(CHONGPAIBEN)
著作责任者	〔美〕安德瑞·马默(Andrei Marmor) 著 孙海波　王　进　译
责 任 编 辑	张　宁　吴佩桢
标 准 书 号	ISBN 978-7-301-34325-8
出 版 发 行	北京大学出版社
地　　　址	北京市海淀区成府路 205 号　100871
网　　　址	http://www.pup.cn
新 浪 微 博	@北京大学出版社　@北大出版社法律图书
电 子 邮 箱	编辑部 law@pup.cn　总编室 zpup@pup.cn
电　　　话	邮购部 010-62752015　发行部 010-62750672 编辑部 010-62752027
印 刷 者	北京虎彩文化传播有限公司
经 销 者	新华书店
	850 毫米×1168 毫米　32 开本　8.875 印张　164 千字 2014 年 11 月第 1 版 2024 年 1 月第 2 版(重排本)　2024 年 11 月第 2 次印刷
定　　　价	38.00 元

未经许可,不得以任何方式复制或抄袭本书之部分或全部内容。
版权所有,侵权必究
举报电话:010-62752024　电子邮箱:fd@pup.cn
图书如有印装质量问题,请与出版部联系,电话:010-62756370

作者简介

安德瑞·马默(Andrei Marmor),美国康奈尔大学法学院和哲学院双聘教授,《伦理学和社会哲学》杂志主编。师从约瑟夫·拉兹,1990年获牛津大学博士学位。在法哲学方面著述颇丰,除了《法哲学》(*Philosophy of Law*,普林斯顿大学出版社2012年版)一书外,还著有《制度性事实的基础》(*Foundations of Institutional Reality*,牛津大学出版社2023年版)、《法律的语言》(*The Language of Law*,牛津大学出版社2014年版)、《社会惯习》(*Social Conventions*,普林斯顿大学出版社2009年版)、《多元主义时代的法律》(*Law in the Age of Pluralism*,牛津大学出版社2007年版)、《解释与法律理论》(*Interpretation and Legal Theory*,哈特出版社2005年版)以及《实在法与客观价值》(*Positive Law and Objective Values*,牛津大学出版社2001年版)。

译者简介

孙海波,法学博士,中国政法大学比较法学研究院副教授、博士生导师,主要研究法理学、法哲学与法律方法论。

王进,法学博士,西北政法大学法治学院讲师、硕士生导师,主要研究英美法理学、正义理论及政治哲学。

中文版序言

哲学旨在于寻求真理,而真理却是普遍的,它没有文化边界的限制。然而,像人文学科中的任何其他领域一样,哲学探究也必定是文化嵌入的。沿着一条由我们赖以思考和表达的知识文化传统所生成的路径,我们提出问题并思考回答这些问题的方式。超越这种文化边界通常是困难的。将某部作品从一种语言翻译成另一种语言,是朝着实现跨文化思想传达的方向而迈进的虽小但却十分重要的一步,因此我希望在我的这本著作的中文版中,我们能够迈出这样的一小步。

这本书是沿着英美分析哲学的传统写就的,这一传统在20世纪的头几十年里才刚刚起步。它以诸如戈特洛布·弗雷格和伯特兰·罗素这些巨擘的作品为起始标志。他们两人都逐渐意识到,为了提供数学的逻辑基础,他们首先需要明确地表达一种数学逻辑,而为了达此目的,他们就需要认真和敏锐地思考语言及其逻辑基础。但是,随后他们却发现西方世界长达两千多年的哲学传统,并没有为有关语言和形式逻辑的哲学理论创造多少可供利用的资源。而这些基础几乎需要从头打起。在接下来的数十年里,弗雷格、罗素、维特根斯坦以及许多其他学者设法创建一个庞大的思维和逻辑体系的结构,旨在提供那些基础。沿着这一方向,他们开创了一种以语言为中心并密切关注其逻辑功能的哲学思维传统。

从分析哲学的早期开始,在这过去的一个世纪里,对语言的关注让位于哲学中一种具有更广范围的兴趣和分支领域。然而,分析传统仍然保留了其思想基础中的一些核心概念,比如说,十分注重小心谨慎和细致入微的论证,力求简洁明了和准确,以及非常注重逻辑。或许我们可以这么说,分析哲学与其说是一个形式问题,倒不如说是一个实质问题;它不再是一个关于哲学议程的问题,分析哲学家们不再有意追求统一的主题或某一组目标。但是,我认为形式仍然是重要的。分析哲学的指导原则,依然重视小心谨慎和细致入微的论证,偏爱简洁明了而非含糊不清,即使简洁将上帝拉回到尘世并使得这些问题看上去更加世俗并且在某种程度上更少精神气质,正如几个世纪以前哲学曾经出现的那样。我一直有这样一个信念,哲学的发展是靠每一小步的努力而实现的,这一点也希望能够在本书中得到体现。在澄清过去一个世纪中一些主导法哲学的问题方面,我只能希望自己已经尽了微薄之力。

安德瑞·马默(Andrei Marmor)
2013 年 11 月于洛杉矶

译者序言

一

德国已故法哲学家考夫曼教授曾提出过一个很有趣的观点,认为法哲学的特质在于它以哲学的方式去反映、讨论法的原理、法的基本问题,可以说法哲学就是法学家问,哲学家答,因此一位训练有素的法哲学家必须兼通法学和哲学两门学问。那么如果人们问:"纯哲学家"的法哲学与"纯法学家"的法哲学哪个更糟,应该说二者都不怎么样。[1] 眼下摆在读者面前的这本小书,显然既不是一种"纯哲学家"的法哲学,也不是一种"纯法学家"的法哲学,而是融贯法学和哲学并旨在探讨法学最根本问题的一种法哲学理论。之所以这么说是有根据的,一方面,本书作

---

[1] 参见〔德〕阿图尔·考夫曼、温弗里德·哈斯莫尔:《当代法哲学和法律理论导论》,郑永流译,法律出版社2002年版,第3—4页。

者马默教授在以色列特拉维夫大学学习于1985年获哲学和法学双学士学位,1985年至1987年在特拉维夫大学继续学习哲学,再后来前往牛津师从拉兹,于1990年获得牛津大学(巴利奥尔学院)博士学位,这种学习经历使得马默拥有扎实的哲学功底和宽阔的法学视野;另一方面,他长期关注解释理论、道德哲学和语言哲学,专注于以哲学的方式探究法律问题,这在本书第三章关于"惯习"[2]的讨论以及第六章对于"会话中语言"的讨论中表现得淋漓尽致。

这是一本非常精彩的法哲学著作,正如瓦卢乔在推荐本书时所说的那样:它以清晰、易懂的语言,对当代分析法律哲学中的所有中心问题和理论进行了一种广博而又饱含同情的讨论。它不仅对初涉该领域的学生有重大的价值,而且同样能够激起那些经验丰富的学者和高年级学生的兴趣……本书所关注的是法理学中最为根本的问题,诸如法律是什么、法律效力的来源是什么、法律是否必然要和道德相分离、法哲学是描述性的还是规范性的、法律在何种意义下是不确定的、对法律的理解是否必然要求我们解释法律,等等。无论是刚刚迈入法律之门的初学者还是已经研习法律数年的法律研究者,无论是法理学家还是部

---

[2] 他有一本专门讨论社会惯习的著作,See Andrei Marmor, *Social Conventions: From Language to Law*, Princeton University Press, 2009. 该书中文本已经由程朝阳博士译出,感兴趣的读者可以参阅:[美]安德瑞·马默:《社会惯习:从语言到法律》,程朝阳译,中国政法大学出版社2013年版。

门法学者,都不可避免地会遭遇这些问题并竭力尝试找出答案。如果您恰好也对这些问题感兴趣或者对之已经思考许久,那么不妨打开本书看看,相信马默教授会带您踏上一段愉悦的法哲学之旅。

二

马默教授在这本著作中集中处理了两个根本性的问题:一是法概念的问题,亦即法律是什么?这也是长久以来一直备受争议但大家却热衷讨论的一个问题,自然由此会牵引出各个学派尤其是自然法学派与实证主义法学派对于这个问题的争论,本书前四章主要讨论的就是这个问题;二是法律理论的规范性问题,用马默教授的话来说便是:法哲学就其本质而言一定是规范性的吗?这个争论恰恰是哈特在其《法律的概念》一书中宣称自己所从事的是一项描述性的理论事业所引起的,本书第五章对这个问题进行了深入的探讨。

有些人可能认为法律的概念问题并不是那么重要,因此也无须投入太多的时间去琢磨法律与道德的关系,这不仅艰深晦涩而且耗时费力、徒劳无益。美国的法学院在新学年之初就教导新生要"像个法律人那样思考",掌握法律推理和法律解释等这样一些让法律人独步天下的谋生利器。然而学生们很快就会惊讶地发现,唯一确定的事实就是白纸黑字的法律条文总是不确定的。"法律是什么"这个问题是永远无法绕过去的一道坎,对于它在法律理论中有何种重要的意义我们暂且不问,在实践中它同样也经常会引发许多难题,甚至可以说,在某种程度上它从一开始就栖居于我们的法律制度和法律实践之中,不论我们是否已注意到这一问题的存在,事实上有意识或无意识地我们都在以某种方式实践着某种法概念的理论。[3] 比如,一位急于获得遗产而不惜毒死亲人的谋杀犯能否基于"形式上合法有效的"遗嘱而请求获得遗产呢?又比如,一位长期与有妇之夫同居的女士能否根据"形式上合法有效的"遗嘱请求分割遗产呢?在以上这些情形中,法律人和普通公众对于遗嘱法中关于某个遗嘱在何种条件下是有效的这一规定并无多大异议,他们所争执的核心在于这一白纸黑字规定背后的东西到底是什么。由于人们眼中的"法律"是不同的,或者进一步说他们对于法律概念持有不同的观点,这直接导致他们针对遗嘱法会不会支持谋杀者或情妇的请求就很有可能得出不同的答案。

围绕着"法律是什么"便会进一步牵引出法律何以能够为人们提供行动理由,换句话说,法律凭什么可以使得人们按照它的指示行事,这便是法律的规范性问题。它所关心的是这样一个问题,即法律的效力究竟来自何处?无

---

[3] 参见张超:《法概念与合法性价值》,中国政法大学出版社2012年版,第1页。

疑，人们对此无非有两个选择，要么将法律的效力追溯至法律体系外部的道德原则、正义价值、人类理性等，由此形成了自然法传统；与此相对，另一种传统习惯上从法律体系的内部来论证法律的效力来源，这恰恰是法律实证主义的一贯进路。细心的读者可能会发现，本书前四章所一以贯之的主题虽然都是法律的性质问题，但其讨论的重心仍然主要是法律实证主义的法概念理论，它们相应地分别是凯尔森的纯粹法理论、哈特的社会规则理论以及拉兹的法律权威理论，而只有第四章才初步涉及德沃金的非实证主义的法理论。马默教授的贡献在于，他调和了拉兹关于法律之权威性质的观点与哈特有关法律的社会规则观念，从而提出一种有关法律性质的社会惯习主义解释，这具体体现在他所提出的如下两个命题中：(1) 在每一个拥有有效法律体系的社会中，存在着一些社会惯习，它们决定了在那一社会中何者可以被视作法律权威者以及其权威是如何被运用的；(2) 法律规范是由法律权威者所发布的指令或指示所组成的——那些权威者本身是由(1)中的社会惯习所鉴别或确立的。[4]

---

[4] See Andrei Marmor, *Philosophy of Law*, Princeton University Press, 2011, p.83.

三

本书的另一主题是法律理论的规范性,亦即法律理论到底是一种纯粹描述性的事业,还是一种必然包含着评价与证立品质的规范性事业。哈特在《法律的概念》一书前言之中开宗明义地指出:"虽然本书所关心的是分析,但是它亦可被视为是一篇描述性社会学(descriptive sociology)的论文。"[5]正如他在该书再版后记中所重申的那样:"我的目标是要提供一个一般性及描述性的关于法是什么的理论,这个理论在以下的意义上是一般性的,即并不关联于任何特定的法体系或法文化,而是要对'法律'作为一种复杂的,包含着以规则来进行规制(且在此意义上是'规范的')之面向的社会和政治制度,作出解释和厘清。"[6]这种描述性法理学关注的是"法是什么",而敏感地避免对其做任何道德或价值上的证立判断。哈特进一步言之,"我的说明之所以是描述性的,是因为它在道德上是中立的,不以任何证立为目标,它并不寻求通过道德或其他的理由,去证立或推荐我在一般性说明中所描述的法律制度的

---

[5] See H. L. A. Hart, *The Concept of Law*, 1st edition, Oxford University Press, 1961, v.

[6] See H. L. A. Hart, "Postscript", in *The Concept of Law*, 2nd edition, Oxford University Press, 1994, p. 240.

形式和结构"。[7] 此即哈特眼中的描述性法理学或者描述性社会学,它旨在表明一般法理论赖以建构的方式,换句话说理论家或法学家可以以价值中立的姿态来审视和描述社会现象,他可以采取内在参与者的视角但并不必然分享参与者的价值或态度。

哈特将其概念分析的法律理论视为一种描述性法理学,在其生前身后却招致了来自各方的批评,批评者们对"法理论能否以一种纯粹描述的形式存在"持普遍的怀疑态度。其中,最强劲的批判者当属德沃金。总的来讲,德沃金对法实证主义理论的批判可以划分为两个阶段:早年他致力于对"规则主义法概念"的批判,指责哈特法理论所赖以为凭的"承认规则"根本无法识别出法律原则,而在德沃金看来法律原则恰恰也是法律的核心要素之一[8];后期德沃金将批判靶标转向了"描述性法理学",并试图代之以规范性法理学。[9] 这种转向的重要意义昭示了德沃金与哈特之争不仅仅在于早先对"法律的性质"的分歧,而更是在于对法律理论之方法论的关注,这种关注集中于"法理论的性质"是什么。换言之,论争者开始回归和反思以

---

[7] See H. L. A. Hart, "Postscript", in *The Concept of Law*, 2nd edition, Oxford University Press, 1994, p. 240.
[8] See Ronald Dworkin, *Taking Rights Seriously*, Harvard University Press, 1978, pp. 14-45.
[9] See Ronald Dworkin, *Law's Empire*, The Belknap Press of Harvard University Press, 1988.

何种方法和进路来建构法律理论。

德沃金对"描述性法理学"的批判主要依靠的是形成于其《法律帝国》之中的解释性法律理论,目的在于证成自己关于"规范性法理学"的主张,亦即法律理论与道德评价之间存在着必然的关联。德沃金主张在我们的社会中的法律是由形形色色的命题所组成的,它们当中有的比较具体而另外一些则比较原则,我们用马默教授在本书中提供的一些例子来加以说明,前者如"法律要求任何人不得通过不正义的手段谋取利益",后者如"加州司机在驾车过程中如欲通话则必须启用免提设备"[10]。如果想要解释复杂的社会实践,则必须要理解这些命题的意义(sense),而在德沃金看来传统法理论在判别法律命题之真假方面存在着一个普遍的谬误,即它们共享着一个"显明事实"的语义学标准,"这是一种完全独立于理论家们道德或政治确信的中立性描述"[11]。在对待法律命题的真值(truth)方面,法实证主义理论认为法律人及门外汉之间只存在着"经验争议",而对德沃金所谓的"理论争议"要么是采取

---

[10] 2008年的《加利福尼亚道路交通法》第23123节规定:"(a)任何人在驾车过程中不得使用无线电话,除非该电话经过特殊设计且配置以允许使用免提接打电话的设备,并且在驾车过程中只能以这种方式使用。"像这样的规定在我们的现实生活中比比皆是,而相对抽象的法律命题只占较为小的比例。See Andrei Marmor, *Philosophy of Law*, Princeton University Press, 2011, p. 1.

[11] See Ronald Dworkin, "Legal Theory and the Problem of Sense", in *Issues in Contemporary Legal Philosophy: The Influence of H. L. A. Hart*, edited by Ruth Gavison, Clarendon Press, 1987, p. 10.

避而不谈的方式,要么是根本拒绝该种争议的存在,德沃金将这种理论称作是一种被"语义学之刺"刺到的理论。[12] 主张法律永远只是历史性的事实,不仅难以符合真实的社会实践,就如它无法令人满意地解释在疑难案件中法官的司法义务一样,它也同样不能增进我们对于法律这一社会制度的任何理解。

在德沃金看来,"传统法理论在这方面走错了路,因为它们未能认识到法律命题的解释性主张,对此类命题之真值条件的任何有用的说明,都因此也必定是一种规范性而非纯粹的描述"[13]。有了"理论争议"这个利器,德沃金提出了一种对法律事业的新观点,认为法理论应被视为一项解释的事业,法律也相应地被视为一种解释性概念。他是这么论证的,既然语义学理论并不能成功地解释社会实践,那么我们就必须注意到法律的规范性面向,将法律作为一种由内在参与者的"解释性态度"所发展而来的"解释性概念",通过解释对法律实践反馈并改变其形态,而新形态又鼓励进一步再解释,从而最终使它成为所属之形式或类型的最佳可能实例。在德沃金看来,这种解释不同于

---

[12] 德沃金对"显明事实"观点的批判及"理论争议"的解释,See Ronald Dworkin, *Law's Empire*, The Belknap Press of Harvard University Press, 1988, pp. 3-11. Also see Brian Leiter, "Explaining Theoretical Disagreement", *The University of Chicago Law Review*, Vol. 76, 2009.

[13] Ronald Dworkin, "Legal Theory and the Problem of Sense", in *Issues in Contemporary Legal Philosophy: The Influence of H. L. A. Hart*, edited by Ruth Gavison, Clarendon Press, 1987, p. 13.

科学解释和对话解释,归根到底它是一种参与者不断地赋予法律实践以目的或本旨(point)的建构性解释。[14] 简言之,德沃金的核心观点是,法律不仅仅是作为一种解释性的概念存在,同时任何为法律实践提供说明的理论也必然是规范性的,它无法与诉诸政治道德原则的规范判断相割裂。

描述性法理学的另一种批评来自斯蒂芬·佩里,他和德沃金的相同之处在于二者有着共同的批判对象,并且在解释主义的法律理论这一最终目标上有着共识,但他们所具体采纳的批判策略和论证方式却明显各异。佩里认为法理学和其他社会科学一样,都面临着一种特殊的方法论难题:它既想通过描述的方法对社会实践进行刻画,同时又必须解释法律为人类行为提供审慎理由的规范性面向。哈特为这一问题的解答是"内在观点",它可以有效地解释"义务"的概念,同时还可以作为对义务之预测论的批判。社会规则的内在观点是团体实践的参与者的观点,他接受规则作为行为的指导和批判的标准;而与之相应的外在观点,则意指该种实践的观察者的观点,他并未体察到规则的内在方面,也就是说他接受规则并不是出于义务而是为了逃避惩罚或制裁。[15] 佩里指出了哈特描述性法理学所使用的"描述性说明"与"概念分析"方法之间的内在张

---

[14] See Ronald Dworkin, *Law's Empire*, The Belknap Press of Harvard University Press, 1988, pp. 46-53.

[15] See H. L. A. Hart, "Postscript", in *The Concept of Law*, 2nd edition, Oxford University Press, 1994, p. 255.

力,为此就必须在二者之间作出非此即彼的选择,描述性说明的方法对于从事科学研究而言是适格的,但对于作为实践哲学分支的法理学来说,最为合适的方法可能是概念分析。[16] 因为,如若将法理学看作是一种科学的事业的话,那么为获致基于描述性的道德中立的社会理论,就必须依赖于一种外在观点,而这恰恰与哈特社会规则理论之下的内在观点直接相悖,因此如试图通过一种纯粹描述性的说明来建构一种描述性法理学,最终也将被证明不过是哈特所批评的现实主义的义务预测论的另类版本而已。

在对待描述性法理学的问题上,除了前述主张"法律理论在本质上是规范性"的德沃金、佩里之外,还有持中间立场的牛津大学法理学教授朱莉·迪克森。马默教授在本书中对德沃金着墨过多,而对于菲尼斯、佩里尤其是迪克森的主张则没有给予太多的讨论。迪克森的《评价与法理论》(*Evaluation and Legal Theory*)一书正是致力于研究法理学中的元理论或方法论的典范,其目的在于对法理论建构之方法进行反思,以及对哈特的描述性法理学进行捍卫,从而增进我们对于法律及法律理论本质的理解。为此,她提出了下述问题:我们所致力于建构的法律理论的目的是什么?又将通过何种标准来判别这种理论的好坏?我们所借以在竞争性的法理学主张之间进行选择的依据

---

[16] See Stephen R. Perry, "Hart's Methodological Positivism", in *Legal Theory*, Cambridge University Press, 1998.

是什么？就其对象而言法理论的目的是一种描述性的，还是批判性的或者证立性的？这些不同的方法论进路之间是彼此对抗的吗？[17] 迪克森对上述问题的回答，在于她提出了一种间接评价理论，并以此否定了传统描述性法理学与规范性法理学的二元划分。应然与实然的区分很大程度上归功于边沁，他对审查性法理学与说明性法理学的区分意义重大，而"应然"与"实然"恰好分别是二者的对象，这种方法论框架对于后世的凯尔森、哈特以及德沃金均产生了或多或少的影响。[18] 然而这种二元论在迪克森看来是具有误导性的，因为它会导致如下判断：一个从事对"实际这般的法律"进行描述的法理论家，在发展这种理论的过程中他无须做任何价值判断；相反，采取德沃金式进路的法理论家否认我们能够仅仅单纯地描述法律，而是必然要包含一些道德价值、法律之目的及功能的判断。[19]

上述结论说得好听一些是"误导"，而说得难听一些则是十足的"错误"，因为它是建立在对传统"应然与实然"二元论过度简单化的基础之上。"应然与实然"的二元划分不仅无济于事而且本身就存在问题，它的第一困难在于

---

[17] See Julie Dickson, *Evaluation and Legal Theory*, Hart Publishing, 2001, pp. 2-3.

[18] 关于边沁的"审查性法理学"与"说明性法理学"的讨论，See H. L. A. Hart, *Essays on Bentham: Studies in Jurisprudence and Political Theory*, Clarendon Press, 1982, pp. 1-3, 41-42; Also see Robin West, *Normative Jurisprudence: An Introduction*, Cambridge University Press, 2011, pp. 65-78.

[19] See Julie Dickson, *Evaluation and Legal Theory*, Hart Publishing, 2001, pp. 8-9.

仅仅将争论者们划分为"规范性法理学"和"描述性法理学"两个方法论阵营,同时也未能适当地处理好艰深复杂的元理论问题;这种划分的另一个困难则在于,事先假定了前述两个阵营的根本分歧在于法理论的价值豁免与价值负担。[20] 无论是哈特与拉兹所主张的法理论家可以无须任何价值判断而成功地建构一种法理论,还是德沃金与佩里所主张的离开了道德判断我们将无法有效地解释法理论,这两种观点均是有失偏颇的,无论何种理论(包括法律理论)都必然要追求一些纯粹的后设理论价值,诸如简单、清晰、精确、全面及融贯等,即使是哈特的描述性法律理论在这个意义上仍然是评价性的,而并非完全价值豁免的,最多只是一种相对的价值豁免,原因在于它已经包含了一些后设的评价因素。[21] 既然指出了一些后设价值是任何法律理论都必须追求的,便可进一步推出任何法律理论都不是完全价值豁免的,而必然是一种评价性的法律理论,哈特的描述性法理学建立于间接的评价立场之上,而德沃金的规范性法理学相应地立基于诉诸道德证立的直接评价立场之上,这样一来迪克森最终就将我们引向了放弃"描述性"与"规范性"二元划分的中间立场上了。

---

[20] See Julie Dickson, *Evaluation and Legal Theory*, Hart Publishing, 2001, pp.30-31.

[21] Ibid., pp.30-33.

四

在20世纪出现了"语言学的转向",由此传统的哲学问题也被重新归结为有关语言的问题,哈特的描述性法理学正是在这种背景之下对法律概念之必然属性予以厘清的一种尝试。然而,随着语言哲学的衰退及奎因对逻辑实证主义所主张的分析与综合二分法所做的影响深远的批判,概念分析方法本身也面临着空前的挑战,由此当代英美法理学新锐布莱恩·莱特主张立基于概念分析的描述性法理学必须让位于自然化法学(naturalizing jurisprudence)。莱特的高明之处在于他自身不直接卷入描述性法理学与规范性法理学的争论之中,而是试图以一种外部的立场来攻击上述两种方法论进路所共享的概念分析这一基本前提。莱特认为这场争论是具有误解性的,所有误解的根源来自德沃金,因为他改变了争论的术语或话题。[22] 超越哈特与德沃金之争并不是简单地在二者之间寻求一种中间立场,甚至像迪克森的间接评价法理学的中间立场也已经被莱特证明破产了,而是要试图站在这种方法论的争论之上,重新思考法律的概念和法理论的性质。莱特满怀自信地宣告哈特与德沃金之争已经告一段落了,

---

[22] Brian Leiter, "Beyond the Hart/Dworkin Debate: The Methodology Problem in Jurisprudence", *American Journal of Jurisprudence*, Vol.48, 2003.

并且法律帝国的时代也一去不复返了,"毫无争议的是,事实上,在法律实证主义考察法律约束力原则的能力,以及哈特的司法自由裁量理论方面,德沃金输掉了这场辩论。在许多情形下,德沃金只是简单地对哈特的观点进行了错误的表述。而在其他情形下,则强迫实证主义者回答"[23]。20年前那场有名的争论并没有因为哈特的故去而"曲终人散",如今德沃金给我们留下的也只有那些颇具争议的理论了,我们可能并不像莱特那么乐观,而是坚信这场学术争论依然会如20年前那样持续下去。

迪克森曾敏锐地指出:"一个学科的内容的发展与在元理论层面的兴趣之间呈现出来一种反比例的关系,二者此消彼长。然而正是由于对法律之性质这一问题缺乏实质性的解释,学者们对于法理学方法论的兴趣才日渐高涨起来。"[24]其实,我们未必会完全赞同迪克森的上述洞见,而是主张某一学科内部对于方法论的讨论往往是一种少数学者所参与的较高层次的讨论,这种讨论的目的固然是由于不满于既有研究对某些重大问题的解释,但它仍然需要建立在这一学科的内容有一定发展的基础上,正因如此我们很难设想一种一开始就将所有精力集中于元理论讨

---

[23] 〔美〕布莱恩·莱特:《帝国的终结:德沃金及21世纪法理学——在拉特格斯大学法哲学学院成立庆典上的演讲》,吴展译,载《比较法研究》2007年第1期。

[24] Julie Dickson, *Evaluation and Legal Theory*, Hart Publishing, 2001, p.12.

论的法理论。正如在上文所反复强调的那样,这场争论能够带给我们一些比寻求某些是非定论更为珍贵的东西,那就是启发我们去重新反思法律理论的性质,"'中国的'法理学"并不是我们拒绝进行这种理论反思的借口,事实上恰如某些学者所担忧的那样,"翻开今日中国法理学教科书和法理学专著,从整体上看,法学家们还没有真正进入法理学的核心"[25]。同时,我们也欣慰地看到一些中国学者开始朝着这方面努力了。[26] 当哈特被问及自己对法哲学的贡献时,他回答道:"我无法总结。我不知该从何说起,我希望我的工作能使人们以一种开阔的眼界来看待法律的性质及法律制度运行当中出现的问题;我也希望我的工作可以让大家以某种精确感、表达的明晰性以及对细节的注重来面对法律问题。我不知道,也许这是一种幻

---

[25] 戚渊:《法理学·法律论证·法学方法》,载戚渊、郑永流、舒国滢、朱庆育:《法律论证与法学方法》,山东人民出版社2005年版,第10—11页。

[26] 如陈景辉认为,法律与社会科学的研究者试图给出有关"中国法律实践"的最恰当的解释和说明。不过,由于所有类型的"中国概念"均不具备使得中国实践特殊性的主张得以成立的能力、由于所有描述中国实践的努力必然会运用价值判断、由于应然与实然之间不能相互推导,所以,法律与社会科学的学术努力,从一开始就是一场注定失败的悲剧。参见陈景辉:《法律与社会科学研究的方法论批判》,载《政法论坛》2013年第1期。又如邓正来曾以当代中国法理论中的"本土资源论""权利本位论""法律文化论"和"法条主义论"进行检讨,并力图在全球化的背景和语境中型构出一幅中国法律理论的理想图景。参见邓正来:《中国法学向何处去》(第2版),商务印书馆2011年版。再如,还有学者从法哲学的任务和目的的视角对当代中国的法哲学进行反思和建构,参见魏敦友:《当代中国法哲学的反思与建构》,法律出版社2011年版。

想。"[27]这种既有雄心又不免略带悲情的回答,其实留给了我们一个最为根本的问题,那就是法律理论的未来是什么?尽管我们无力给出一个答案,但是我们有理由期待下一个十年、二十年甚至更长的时间里,法理学将会呈现出惊人的变化和发展。

孙海波

2014年4月5日于北大畅春新园

---

[27] 〔英〕妮古拉·莱西:《哈特的一生:噩梦与美梦》,谌洪果译,法律出版社2006年版,第439页。

目录 | Contents

导论 / 001

第一章　一种纯粹法理论？ / 016

第二章　作为法律基础的社会规则 / 049

第三章　权威、惯习及法律的规范性 / 085

第四章　法律是由道德所决定的吗？ / 120

第五章　法哲学是规范性的吗？ / 155

第六章　法律的语言 / 196

参考文献 / 231

索引 / 238

译后记 / 253

再版后记 / 256

导　论

　　2008年夏初,加利福尼亚州的高速公路上布满了电子路标,上面显示着以下信息:"请使用免提电话,7月1日,这是法律的规定。"加州的司机们十分清楚该路标所指示的意义:就在这一年的年初,加州议会颁布了一项新的法律,它禁止司机在驾驶过程中使用移动电话,除非使用免提设备。[1] 路标当然并非法律。它们其实只是警示或告知司机,"这是法律的规定"。请注意这是一条非常有意思的信息,原因在于它传达了两类不同的要旨:描述性的(descriptive)和规定性的(prescriptive)。在某种意义上,这条信息向我们传达了一些已发生之事,也就是当年年初在萨克拉门托*发生的一些事情。但是,在另一种更加清晰

---

　　[1] 2008年颁行的《加利福尼亚州道路交通法》第23123节:"(a)任何人在驾车过程中不得使用无线电话,除非该电话经过特殊设计且配置以允许使用免提接听电话的设备,并且在驾车过程中只能以这种方式使用。"
　　* 萨克拉门托(Sacramento),是一个位于美国加州中部、萨克拉门托河流域的城市,是加州的州府所在地。——译者注

的意义上,该信息警示我们应当以某种特定的方式行事,也就是说,现在如果我们想在驾驶过程中使用移动电话,则有义务启用免提设备;毕竟,这是法律所规定的了。当然,这两类内容是有因果关联的:使用免提设备的法律义务从某种方式上说产生于某些已发生之事,亦即,在萨克拉门托有一些特定的人,他们聚集在某个地方,讨论、举手表决并签署了一份文件,如此等等。

正是由于对这种内容双重性的思考,法哲学应运而生。总的来说,法律是一套由规范组成的体系。法律的本质特征是规定性的(prescriptive):它意在指引行为,改变行为模式,抑制受其规整之对象的实践慎思;总而言之,法律旨在为我们提供行动理由。无须赘言,并非所有的法律都施加义务。一个成熟的法律体系中的许多法律会授予各种各样的权利,提供用以改变其他权利和义务的合法权力,并建立界定其合法权力和权限的机构。尽管如此,无论法律所包含的规范的种类何其繁多,法律规范大体上都是一种规定性类型。法律并不意图描述整个世界的方方面面;它们并不是由关于"是其所是"(the way things are)的命题组成的。无论如何,法律旨在影响或改变人们的行为,此外更主要的是为人们提供行动理由。让我们将法律的这一面向,称为它的规范性性质。[2]

然而,法律是一种十分独特的规范性体系,这源于法律规范是人类独特的创造物。尽管可能存在着例外情形,但法律大体上仍是经由人之刻意设计的产物。法律规范是由立法机关或个别的行政机关制定的,或者是由法官在司法裁判的过程中所创制的。法律是一种独特的意志行为的产物。如果我们将这两方面的观察结合起来,法哲学家们所倾心专注的主要问题开始映入我们的眼帘:对于生活世界中的某些事件,从根本上说它们要么是人类行为,要么是集体或个人所表现的意志行为,那么如何来解释这些事件的独特的规范意义呢?此外,这种规范性意义的内容是什么呢?

法哲学家认为这一难题包含两个主要的问题:其一,是关于合法性或法律效力(legal validity)的观念问题;其二,是有关法律规范性(legal normativity)的概念问题。回想一下加州的电子路标。它们告诉了我们一些当下应为之事,并且我们理应如此行动,原因在于"这是法律所规定的"! 第一个关于法律效力的问题事实上是这样一个问题,即:是什么使得这种规范性内容(在驾驶过程中应当使用免提设备)在事实上能够成为法律?而第二个问题则成

---

[2] 法律可能还具有其他的规范性面向,这并未直接地通过提供行动理由表现出来。法律也可能会以其他各样的形式设定一个范例或标准,或者它可能甚至会影响人们的信念和态度。

了关于此类规范所规定的"应当"的性质。

3　　让我们从法律效力的概念开始。当谈到"法律规定应当做 X"或者"法律要求你做 X",以及与此类似的语句时,我们下意识地在依靠法律效力的观念。对于任何既定的规范性内容而言,在某个特定的时间和管辖范围内可能在法律上是有效的,也可能在法律上是无效的,或者说它在法律上有效与否可能是不确定的。然而,和道德效力或逻辑效力不同,法律效力的概念与特定的时间和地点紧密相连。使用免提电话的规定在加州已经具有了法律上的效力,但在内华达州(并未实施此类法律规定)则不然;并且它仅仅在当下是有效的,然而两年前却并非如此。简言之,无论何时关于法律是这样或那样的提议,都是同时间和地点相关的。尽管如此,人们普遍认为一些哲学解释应当被用以确定某些规范性内容合法有效的一般性条件。也就是说,是什么使得某些规范性内容在某个特定的时间和地点具有法律上的效力,或者是何种因素使得某些规范性内容在某个特定的时间和地点具有法律上的效力呢?换句话说,关于法律效力的哲学问题是这样的:

　　使得任何形式的命题——"X(一些规范性内容)在加州(相对于某个特定的地点和/或人群来说)的某个时间 t 是法律"——为真或为假的一般性条件是什么?

请注意,这一问题的一般性是至关重要的。每一个法律人都知道"使得加州道路交通法的规定合法有效"意指什么,即:该法是由加州立法机关根据加州宪法所规定的程序正当地制定出来的。然而,令哲学家们感兴趣的却是这个问题的更加一般的方面:我们所力图理解的构成法律效力概念的一般性条件是什么?这些条件仅仅是由社会事实构成的吗,诸如发生在某个特定地点和时间的行为和事件?如果是这样的话,又是什么使得这些、而非其他行为具有了法律上的重要意义?并且,法律效力的条件或许并不囿于此类事实,或许还存在另外一些可以同样适用的规范性理由。相关规范的内容而非它所赖以产生的方式也会对其法律效力产生影响,情况是这样的吗?此外,法律规范的效力与以某种方式制定它的行为或事件并不存在必然的关联,这也是不无可能的。一些杰出的法哲学家曾主张,规范的法律效力有时可以通过道德推理演绎而出。某个特定的规范性内容在法律上是有效的,因为它认为基于道德或其他类似理由之上的推理能够引导我们得出结论说它在这些情形下是有效的。这些就是关于合法性(legality)这一概念所引发的一般性问题;我们所力图清晰地予以表达的,就是一种关于一般性条件的说明,这些条件构成了规范的法律效力。

大体上来看,在回应关于法律效力之条件的一般性问题上,产生了三种主要的思想流派。根据其中一种思想流派——被称为法律实证主义,它产生于19世纪早期[3]并自此获得了相当大的影响力,法律效力的条件是由社会事实构成的。合法性是由一套复杂的社会事实构成的,它们与人们的行为、信念以及态度相关,此外那些社会事实基本上穷尽了法律效力的条件。正如我们在前两章中将要看到的那样,其中争论的一个非常重要的面向是在这里涉及的还原的可能性:法律效力的条件是否可以被还原为非规范性类型的事实?

另一思想流派,源自一个被称作自然法的更古老的传统,主张法律效力的条件——尽管必然与发生的行为和事件相连——并不囿于那些创制法律的行为或事件。公认的规范(putative norm)的内容,主要是指它的道德内容,这对其法律效力也有影响。规范性内容若无法满足某个最低限度的道德可接受性,则在法律上是无效的。正如圣·奥古斯丁所提出的著名箴言所言:"恶法非法"(不公正的法律根本就不是法律)。无论这一观点是否可以恰当地归因于托马斯主义的自然法传统,这一直是一个有争议的问题,对此我在这里不会详加考虑[4];而且这一观点是否仍然具有哲学支撑也是可质疑的。

---

[3] 虽然作为19世纪的基本观念,法律实证主义仍可以清晰地追溯至托马斯·霍布斯的政治哲学。

[4] 约翰·菲尼斯有力地提出了托马斯主义的自然法学并不致力于研究这一论题。See John Finnis, *Natural Law and Natural Rights*, Oxford University Press, 1980.

关于法律效力之条件的第三种观点,虽然从自然法传统那里汲取了一些灵感,但又在重要的细节方面有所不同,认为道德内容并不是合法性的必要条件,但可以是一个充分条件。根据这一观点,道德推理和政治推理有时足以得出某个特定的规范性内容合法有效的结论,它构成了某个特定语境中的法律的一部分。正如我们在第四章中将要看到的那样,这一观点存在着两种主要的版本:一个是由罗纳德·德沃金提出的,另一个则是作为对传统法律实证主义的重要修正而出现的。

无论是法律实证主义还是它的批评者,均未能形成一种关于法律效力的统一性理论。在这些法理学传统的内部,存在着一些重要的变种和具有分歧性的观点。然而,争论主要集中于一个反复出现的主题:有关将构成法律效力的条件从上述公认规范的评价性内容中分离开来的可能性。法律实证主义坚持认为效力的条件与内容是两相分离的,然而对这一传统进行批评的人却持一种非分离的观点。根据后一种观点,法律是什么部分地取决于在某种应然的意义上法律应当是什么。

每一个人都同意——或者大概如此认为,法律意在为我们提供行动理由。法律那一根本的规范性品质不容置疑。然而人们会对这样一个问题产生疑问,即法律规范所提供的理由是何种理由。以关于一个法律义务的简单观念为例——假定某个特定的法律规范规定"所有具有 F 特征的人,在条件 C 下应当做 φ"。这里的"应当"到底是什么性质?此外,如若果真如此的话,它又是如何与一个"道德上的应当"(moral ought)发生关联的?

这里至关重要的第一步,便是要在我们的两种不同的关注之间进行区分。其中一种关注是和服从法律义务的道德义务这一问题联系在一起的。事实上,法律意在施加一项做 φ 的义务,并不必然因此有一项做 φ 的道德义务。或者,换句话说,一个法律上的应当并不必然是一个通盘考虑的(all-things-considered)应当。某人负有一项做 φ 的法律义务,并没有回答是否从道德上讲或经过通盘考虑应当做 φ。[5] 然而,众所周知,是否存在符合法律义务的道德义务这一问题是一个道德问题,而这并不是由关于法律的性质所决定的。虽然,道德问题可能部分地取决于我们理解法律的性质及其规范性品质的方式,无论是否存在一个普遍的服从法律的道德义务,以及在何种条件下存在一个普遍的服从法律的道德义务,基于道德理由,它最终仍然被定性为一个道德问题。

然而,法哲学家所感兴趣的问题则是不同的:这个问题在于,一项法律义务(以及其他类别的法律规定)意味着什么?法律所意在施加于其对象的"应当"的性质究竟是什么?从一种不同的视角来看,它是否像一项道德义务一

---

[5] 我的意思并不是说,一个道德上的应当就是通盘考虑的应当,反之亦然。它们仅仅是思考这一问题的两种相似的方式而已。

样？或者，一类可能在特定条件下出现的道德义务？或者，一个法律应当也可能被还原为一个预测性的陈述，即如果某人不遵守法律规定的话，那么他可能要遭受一些不利的后果？

把哲学家所提供的各种答案归入特定流派关于法律规范性性质的这些问题之下，是十分困难的。关于合法性之概念的不同流派对于法律规范性的概念也相应地持有不同的主张，这样来考虑的话将是非常有意思的。不幸的是事实通常并非如此。然而，存在着这样一个一般性的关联：你越是倾向于将法律义务视作一种道德义务，或者将之等同于道德义务，就越是倾向于拒绝将法律效力从道德效力中分离开来。换句话说，这里存在着某种紧张关系：如果你将法律的内容视作一种为我们的行动提供道德理由的规范性内容，那么便会倾向于将合法性本身视作是由一些道德内容所决定的。如果你考虑将合法性的条件从法律的道德内容中分离开来，将很难再继续坚持法律必然甚或通常为我们的行动提供道德理由的观点。诚然，这仅仅是一个紧张关系而非蕴含关系。至于是否存在一些消解这一紧张关系的方式，仍待后文详加检讨。

这两个关于法律性质、法律效力之条件以及法律规范性的主要问题，新近又引发了当代法哲学中的另一场争论，即一场关于法律事业（enterprise）本身之性质的争论。事实上，如果法律的事实方面无法从其规范性内容中分离开来的话,那么一个对于法律是什么的哲学解释也可能无法从归因于法律的规范性内容中分离开来。根据这种非分离论(nondetachment)的观点,法哲学必然是一种规范性类型的哲学——也就是说,它是一种必然要回应法律应该是什么这一问题的哲学。因此,这里我们已经触及了一个关于法哲学的争议:它仅仅是意在告诉我们事物是什么的一种描述性理论,还是必然包含一些事物应当是什么的观点的哲学?这种关于法哲学的方法论之争,已经成为当代法哲学的一个核心议题。这不足为奇,那些对法律的事实方面与规范性方面之关系持一种非分离论观点的人,对法哲学的描述性部分和评价性部分方面也倾向于持一种非分离论的观点。这两种非分离论观点是否必然彼此相联系呢?而如果真是这样的话,准确地说它们又是如何发生关联的?这是本书不同部分将要着手处理的一个难题。

这两个主要议题,也就是法律的事实方面与规范性方面的关系以及内容与方法之间的关系问题,将构成本书的核心论点。我将力图展示,对内容与方法两者间进行分离的可能性的争论以及关于二者之间微妙关系的争论,在20世纪法哲学领域形成了大量的理论成果。并且,我还将力图阐明这些争论中的实质性部分,聚焦于还原的可能性这一问题。

第一章中,我将讨论汉斯·凯尔森提出的"纯粹"法理论这一颇具影响力的尝试,并分析它失败的原因。我将力图展示凯尔森的纯粹法理论,是对方法与内容二者之间完全分离观的最有力辩护——并且在许多方面,它仍然是最引人注目的。我将说明这项计划之所以失败的主要原因,在于它将分离观等同于反还原论(antireductionism)。凯尔森认为,一种关于法律性质的理论应当避免将法律事实还原为其他种类的事实,无论是社会事实还是道德事实。

第二章中,我将提出哈特对法哲学的一些主要贡献。哈特的《法律的概念》一书被普遍视为其对20世纪法哲学最为重要的贡献。事实上,我将力图说明哈特所提出的法律和法哲学的分离观点是最为连贯一致的理论,并且它是一种彻底的还原主义理论。但是,这里我将介绍哈特的理论中试图提出的另一种区分理论或分离理论(并且我认为它并不是那么的成功),即将法律与国家主权分离开来。从霍布斯到19世纪的主要实证主义者,很大程度上受现代国家兴起的影响,法律实证主义的传统将法律视作政治主权者的工具。根据这种观点,法律是由政治主权者的命令所组成的。哈特想方设法地向我们说明,将法律等同于国家主权是一种彻头彻尾的误导;法律独立地植根于社会规则,而非政治主权者。事实上,哈特声辩传统的法律实证主义在这里误入歧途:法律并非源自政治主权,因为我们的政治主权概念部分地要依赖于法律规则。我将说明哈特把我们对法律的理解从主权的概念中剥离开来的尝试,仅仅是部分成功的。我们需要避免前述将法律紧系于国家的观点,在这一点上哈特无疑是正确的。但是,正如拉兹所说的那样,认识到法律与权威之间存在着一种本质的联系也是同等重要的。一种根本上对法律的权威性性质的分析,以及调和其与哈特基于社会规则的法律观念的尝试,共同构成了本书第三章的主题。在这一章中,我将把哈特关于法律性质的一些主要洞见和拉兹的结合在一起,以此主张对法律之基础的惯习主义解释能够取众家之长,或者至少做某些修正。

在第四章中,我将考虑一种关于法律性质的实质性非分离论的当代版本。正如先前所指出的那样,这种观点采取了两种主要的形式:根据德沃金那一颇具影响力的理论,法律的内容绝不能从规范性考量中分离开来。法律是什么——一直并且必然——取决于关于法律应当是什么的评价性考量。这种非分离论的另一更加温和的版本,坚持认为法律的内容能否从规范性考量中分离开来是一个或然性(contingent)问题,这取决于碰巧盛行于某个特定法律体系中的规范。由此而言,非分离论的观点至少有些时候是正确的。这一章的主要论点主张,这两种观点均是错误的,然而,这一论证只有到了最后一章才算彻底完成。在此之前,第五章中,我将考量非分离论之方法论的变种。根据这一变种,包括法律实证主义在内的任何关于法律性质的哲学理论,都必然包含一些关于法律应当是什么的规范性观点。这一主张存在着多个不同的版本,并且我会在它们之间进行区分,以此主张这种非分离命题的某些版本事实上并不有悖于哈特法哲学的描述性志向,然而它们却败在自己的优势上了。如果理解得当的话,哈特关于方法论上的分离观点是能够获得辩护的。

第六章集中讨论语言和解释在理解法律内容方面的作用。此处的观点受到了德沃金的启发,他主张如若离开了解释我们将永远无法理解法律所要传达的内容。正如他所认为的那样,既然解释部分地却又必然地是一个评价性问题,那么理解法律所规定的内容也必然将依靠一些评价性考量。在这一章中,我将主张在语言和语义交流的误解之上,如何理解一个合法性指令的观念。试图澄清法律规定的语义学和语用学方面的内容,便构成了本章的主要目标。本章的一个目标在于说明,一旦我们以适当的方式对待语义学考量,就会意识到解释只是理解法律规定的例外形式而非惯常形式。本章的另一个目标在于说明,某些理解一个言语情境的语用观点如何用以廓清对法律规定的理解与对其解释之间的区分。由此,这最后一章将完成对一个关于法律性质相当强的分离论的辩护,这种分离不仅是方法上而且也是内容上的。

法哲学并不仅仅局限于本书所讨论的这些问题。大量的哲学研究被用以影响特定的法律领域,诸如侵权、合同、刑事责任及国家惩罚、制定法和宪法解释,以及其他诸多领域。本书集中研究关于法律一般性质的哲学争议。

侵权法的和合同法的哲学等，它们都值得用一部专著的篇幅来分别进行介绍。此外，如若主张关于法律性质的哲学理解必定是对任何特定法律领域性质的哲学研究的开场白，将未免是冒失的。诸如刑法、侵权法或合同法领域中令哲学家感兴趣的许多问题，大都是关于特定法律原则的内在正当化的道德问题。同样的，它们自身事实上并不依赖于任何对于法律一般性质的特定理解。本书相当详尽予以探讨的法律效力是否能够被还原为社会事实这一问题，对如何最佳地解释刑法中所使用的各种责任概念以及侵权法中的主要原则是否能够根据矫正正义（corrective justice）得到理解不产生任何影响。上述这些探究是彼此完全独立的。

然而，法律中事实上存在着一些哲学上的关联，虽然有时是间接的，它们的确依赖于本书所讨论的一般法理学及各种问题。正如我们将在第四章和第六章中看到的那样，关于制定法解释之性质的一些主要问题，是同关于法律性质及如何对其进行最佳化解释的主要问题交织在一起的。大量文献中所讨论的法治（rule of law）——及其美德——然而却是另外一个问题，它仍然也依赖于一些有关法律性质的一般性哲学观。大多数谈论法治的学者——哲学家、法学家以及政治学家——假定"依法律而治"（rule by law）存在某些特殊之处，从而使其成为一种理想的统治形式。由此，他们的假定必定是一种守法主义（legalism)的,就其自身而言在某一方面是善的并且是值得追求的。但是当然了,任何一类这样的观点必须是以关于什么是守法主义的观念为基础的——这也就是说,它至少在某种程度上必须依赖于"一般来讲什么是法律"以及"什么使之成为一种特殊的社会控制手段"。

本书将关注点集中在差不多前一个半世纪中,使哲学倾心于法律性质研究的一些主要问题上。本书并不打算做到巨细无遗,即使在其有限的关注范围内也是如此,而且它当然也无法完全覆盖哲学所持续关注的大多数问题。本书并不是作为一项报告而写作的,相反是为了主张某种特定的立场而作。我的许多同事可能并不同意这一立场。然而,哲学旨在追求真理而非共识。一个富有成效的争议能够成为人们的最大期待。

我对许多朋友和同事感激不尽,他们对最初的手稿进行了评论。斯科特·索姆斯和吉迪恩·亚费满怀友好地阅读了全书并向我提出了宝贵的意见和建议。约瑟夫·拉兹对某些章节的评论也对我有很大助益。我同样也要感谢查伊姆·甘斯、马克·施罗德、斯蒂芬·芬利以及普林斯顿大学出版社提供评论和建设性建议的评审者们。

第一章 一种纯粹法理论？

正如在其他学科中那样,在哲学中我们经常根据一个事物来解释另一个事物。一般来说,这就是一个理论解释所意味的内容。如果我们设法根据这个世界中问题较少的方面来解释疑似有问题的方面,那么我们必定会取得一些进展。哲学中某些类型的解释,和在科学中一样,拥有一种我们称之为还原*的独特性:如果某类言说或陈述存在着一个明确的边界,并且我们能够根据别种陈述对此类陈述提供一个充分的解释时,那么该解释就是还原论的。举例来说,如果能够根据关于这个世界中物质方面的事实来解释我们的精神生活领域,我们可能会提供一种将精神

---

* 还原论(reductionism)主要是一个哲学概念,其基本思想认为复杂的系统、事物、现象可以根据另外一些更为基础的范畴来加以解释和描述。在人类思想史上,还原论有着广泛而深远的影响。从古希腊的原子论、中世纪的唯名论、近代的唯物主义乃至当代的自然主义,无不蕴含着还原论的思想。时至今日,还原论已经广泛地渗透到了多个学科中,诸如经济学、心理学、法学、政治学等。——译者注

还原为事实的解释。然而,在某些情况下哲学解释则背道而驰,力求阐明为什么将一种现象还原为另一种现象或者将一种解释还原为另一种解释是不可能的。此处,我正是要以反还原主义者的法理论来展开研究。[1]

在20世纪前半叶,汉斯·凯尔森在提供一种反还原主义(antireductionist)的法理论方面作出了最为清晰而又明确的尝试。凯尔森将他的这一抱负,视为提出一种纯粹法理论的努力。[2] 用他自己的话来说,该抱负就是"要提出……一种剔除一切政治意识形态及自然科学诸要素的

---

[1] 能够被视作一种还原性解释的不同观念,可能会涉及各个领域。一种有时被称作为语义的还原论,应当满足这样的条件:一种理论假设T1的基本词汇能够用另一种不同理论T2的原理和词汇充分地表达出来。如果这一条件得到了满足的话,那么我们将获得一种完整的从T1到T2的语义还原论。只有极少数的法律理论家从这一语义学的意义上思考还原论(或许,约翰·奥斯丁是一个例外,这将留在下一章讨论)。与法理论关联更大的那种还原论是构成性的或形而上学的:一种形而上学的还原论意在说明,某种独特的现象事实上是由另一种与之不同且更为基本的现象或系列事实所构成并得到充分解释的。哲学家们同样还讨论了被称为附随性(supervenience)的第三种还原论或准还原论:X领域附随于Y领域,当且仅当在Y领域中没有显著的变化或改变,相应地X领域也没有显著的变化或改变时。附随性是否是一种真正的还原关系,这一问题目前在既有文献中仍然存在着争议。我将在很大程度上忽略这些复杂的问题。

[2] 凯尔森在纯粹法理论方面最为重要的著作,是其初版于1934年的《纯粹法学》(*Reine Rechtslehre*),该书新近被以"法律理论问题导论"(*Introduction to the Problems of Legal Theory*, translated by B. L. Paulson and S. L. Paulson, Clarendon Press, 2002)为名翻译成英文,并且出版于1960年的第二版(大大扩充了篇幅),也以"纯粹法理论"(*Pure Theory of Law*, 2nd ed., translated by M. Knight, University of California Press, 1960)为题被翻译了出来。此处将这两本著作分别简称为PT1和PT2。此外,这两本书中的大多数主题同样在凯尔森的《法与国家的一般理论》(*General Theory of Law and State*, translated by A. Wedberg, Russell and Russell, 1961)中有过出现,此处也将后一本书简称为GT。

法理论,也就是说,该理论能够省察其研究对象的独立自主性,并且由此省察其自身的独特品质"[3]。

法律一面同意识形态(或者我们干脆说道德)相连,而另一面又和自然科学交织在一起,这并不足为奇。那种将法律建立在道德意识形态基础之上的倾向,源于其重要的规范性品质。法律并不是一个理论范畴;而是要产生一些实践差异。法律意在为我们提供行动理由。因此不可避免地,我们扪心自问法律所规定的某个行为这一事实,为何会被认为是法律所赞许之事?人们自然地会认为,一项法律规定能够产生如下这样一个事实:只有在该法是一部良法的情况下,至少在某些方面如此,从事某些行为将会获得法律的赞许。当然了,无论是从道德上还是从其他方面来看,现今并非所有的法律事实上都是良法。但是存在这样一种强烈的倾向,它指出法律是什么或者何者能够被算作一项法律规定,在某种程度上取决于何者为善(或者是正确的,或者是为道德所要求的)。倘若不具备这些条件,那么再来解释法律所要求的某个行为这一事实为何会获得赞许,将变得更加显而易见了。但是,凯尔森认为这一倾向正是我们所需要加以抵制的。他认为法哲学应当被限定于解释法律是什么。无论是一般意义之法还是任何特殊意义之法,其善恶是一个独立的问题——一个留待

---

[3] 凯尔森 PT1 一书的序言。反还原主义仅仅只是凯尔森关于法律理论纯粹性观念的一个核心方面。这也仅仅是我此处所关注的。

道德哲学家来判断的问题。换句话说,凯尔森似乎在某种程度上预先假定了这样一个事实,即如果能够提供一个关于合法性(legality)的分离观,其使得法律效力完全与法律的道德内容分离开来,这将会是一种关于法律之性质的更佳解释。[4]

但是现在考虑一下我们被引领所达至的这条进路:如果我们想要说明法律是什么——特别是,法律效力的一般条件是什么——确切地说就是在不诉诸法律规范的道德的或其他规范性内容的前提下,我们必须要说明存在着某些非规范性(non-normative)的事实,它们能够决定何者为法。姑且说存在着一些关于人类行为、信念和态度的社会事实,它们可以完全决定何者能被算作是法律。如果这样一种解释是可取的话,难道我们不是在提供一种将法律还原为社会事实的理论吗?难道我们不是在仅仅根据一种事物来解释另一种事物吗?此外,如果根据社会事实来提供一种关于合法性的解释,我们能够拒绝接受"如果代之以社会学会更好"这一结论吗?然而,为何不可力求将法律理论还原为某些其他种类的理论,如果这些理论对某些社会现象的解释能够更好地应付?这恰恰是凯尔森所极力拒斥的那种对立的倾向,它试图将法律理论还原为一种社会学,或者其他任何一种"自然科学"。

---

[4] 当然了,这也是为什么凯尔森被正确地视为法律实证主义者的一个主要原因。

由此正如凯尔森所意识到的那样,对法律理论的主要挑战在于未试图将法学(jurisprudence)*或"法律科学"(legal science)还原至其他范畴的情况下,为合法性与法律的规范性提供一种解释。在这种反还原论的抱负中,我认为凯尔森的努力并不是十分的成功。他的法理论实际上也迎合了某种将法律效力还原为社会事实(social facts)的观点,而凯尔森却极力拒绝承认这一点。在本章中,我将主张凯尔森的反还原论失败了,至少在上述至关重要的方面是这样的,并且从他的这一失败之中我们能够吸取重要的教训。然而,另一方面,就将法哲学还原为社会学的一般还原论而言,凯尔森的反还原论仍然是有意义的,并且我们可以从中获益良多。

---

* Jurisprudence通常被翻译为"法理学",但同时它又有"法学"之意。学术界一般认为,法学作为一门独立学科的出现是以约翰·奥斯丁《法学范围之确定》(The Province of Jurisprudence Determined)一书的问世为标志的,自此之后以实在法(positive law)为研究对象的法学被从伦理学、立法学和政治学中剥离出去。相比之下,法理学学科的出现则是更为晚近的事情了。因此从这个意义上讲,目前学界对奥斯丁思想著述的译介或多或少地存在着一个普遍的误解,认为奥斯丁所创建的学科是法理学而非法学,刘星先生将奥斯丁的前述名著翻译为"法理学的范围"(北京大学出版社2013年修订译本中仍然保留了这样的译法)值得商榷,而支振锋先生的译本"法学讲演录"(Lectures on Jurisprudence,中国社会科学出版社2008年版)虽然在书名上翻译恰当,但该书正文中仍然将"jurisprudence"翻译为法理学,也应当引起我们的重视。马默教授在此处所使用的"jurisprudence"从语法逻辑上看与其后的"legal science"相并列,故而译者认为此处将其翻译为"法学"(而非法理学)似乎更加合理、妥当。当然,下文会根据这一语词的不同语境而将其译为"法理学",特此说明。——译者注

基础规范

你们也许还记得,眼下,在加利福尼亚州驾车过程中使用移动电话是为法律所禁止的,除非启用免提设备。但是现在为何情况如此?仅仅在两年前还不是这个样子;打那以后又发生了什么?接下来就是所发生的一些事情:在2007年的12月,大约120人聚集在加州首府萨克拉门托的州议会大厦里;在那里他们争论着这个问题;最终来举手表决他们是否赞同某个文件;然后即时将该文件提交给一个叫阿诺德·施瓦辛格*的人签署。凯尔森指出我刚刚所描述的这类行为和事件并非法律,在这一点上他无疑是十分正确的。将我前面所描述的这类行为说成是一项新法的制定过程,就是在以一种特定的方式解释这类行为和事件:

> 使得此一事件成为法律行为者,全赖附属于该行为的客观意义(objective sense)。前述事实的特殊法律意义,也即其自身独特的法律意义均得自规范:该规范在内容上关涉前述事件,并赋予其法律意义;于是该行为可以依据这一规范而获得解释。该规范也

---

* 阿诺德·施瓦辛格(Arnold Schwarzenegger,1947—),美国健身运动员、演员、政治家。2003年11月至2011年1月担任美国加州州长。——译者注

就起到了一种解释框架（scheme of interpretation）的作用。[5]

凯尔森宣称，法律是一种解释框架。如果你愿意的话，它的真实性或客观性存在于意义（meaning）的范围之中；我们将一个法律规范性的意义归因于某些行为或事件。然而另外一方面，我们无疑要追问这样一个问题：为什么某些行为或事件能够拥有这样的法律意义，而其他行为却并非如此呢？简单起见，不妨这样想想看：如果我宣称"任何人在驾车的过程中应当避免使用手机"，该事实确切地表明了这是一个在法律上毫无意义的陈述。但是，当加州立法机关制定一项与此内容相同的规范时，那么司机在驾车的过程中就应当避免使用手机。毫无疑问，这一言语行为中——在这两种情形中是相同的——并没有任何内容能够解释这种区别。那么，这种相关的区别是什么呢？凯尔森对这个问题的回答出奇的简单：一个行为或事件可以从另一个法律规范那里获得其法律规范性的意义，后者赋予了前者以规范性意义。如果一个行为能够将另一个"高级"的法律规范具体化（instantiate），正是通过那样的授权该行为才得以产生，那么它就能够创造或改变一项法律。反过来，这一"高级"的法律规范是合法有效的，当且仅当在其创制已经符合了另一"高级"的规范时，而正

---

[5] PT1, p.10.

是通过那样的授权该法律规范才得以创制。换句话说，在美国这就是法律，即加州立法机关可以制定交通法规，而我的宣称——尽管可能是明智的和值得赞许的——在法律上却毫无意义。但是，是什么使之成为法律的呢？加州宪法将这种权力授予州立法机关，以使其能够在某些规定的内容和管辖权范围内制定法律。那么，又是什么使得加州宪法具有法律上的效力？问题的答案在于加州宪法的法律效力源自美国宪法的授权。再进一步追问，是什么使得美国宪法具有法律效力？美国宪法宣称其自身是"全国最高的法律"这一事实本身无疑并不能作为一个答案。任何文本都可以这么说，在美国唯独《美国宪法》这一特殊的文本是事实上的最高法。

这里的问题在于授权的链条走到了尽头。再也没有更高层次的法律规范，可用以授权制定（最初的）美国宪法。在这一点上，凯尔森有句名言：我们必须假定宪法的法律效力。在任何一个法律体系中我们都会到达这样一个阶段，即我们得到了一个再也无法从任何其他规范中获得授权的授权规范（authorizing norm），由此它就被预设了一种法律效力。这一预设的规范性内容，被凯尔森称作基础规范（basic norm）。基础规范是一种对相关法律体系中（最初的、过去的）的宪法之法律效力的预设。[6]

正如凯尔森所意识到的那样，除此之外我们别无选

---

[6] 比如，参见 GT, pp.110-111.

择。更准确地说,任何替代性的选择都将有悖于大卫·休谟关于从"实然"中无法推导出"应然"这一训令。休谟有这样一句名言:任何以一些某人应当从事这样或那样行为的规范性陈述为结论的实践推论,在其推论前提中都必将至少包含一种规范性陈述。如果一个推论的所有前提都是描述性语句,亦即告诉我们事实就是这样或那样的,那么也就会不存在从逻辑上可以遵循的规范性结论。凯尔森非常重视这个观点。他发现构成了一个法律之制定过程的那些行为和事件,都属于实然的领域——它们存在于这个世界上所发生的行为或事件的领域之中。法律规范、法律则属于应然的领域——它们是意在指导人们行为的规范。由此,如果想要从一组"实然"的前提中获得一个"应然"的结论,我们必须指出隐匿于其背后的一些"应然"的前提——该"应然"的前提赋予了相关"实然"的陈述以规范性意义。由于现实中法律的效力之链总会有穷尽之时,我们不可避免地到达了一个不得不预设这样一种"应然"的前提的节骨眼,而这恰恰正是对基础规范的预设。

现在你可能会想这是一种对休谟的相当肤浅的理解,或许这只是太过认真地对待休谟的观点。[7] 对这一点我

---

[7] 休谟关于"实然/应然"谬论是否是一个真实的谬论,这在哲学上是存在着争议的。一些当代的哲学家对"应然"无法从"实然"中推论出来表示质疑。在本章中,我的论证并未对该问题表明一个态度。在论辩的过程中,我将假定休谟的论断是正确的,"应然"无法从"实然"中推导出来,但是此处我自己的观点事实上并不依赖于这一点的真实性。

将表示赞同,但首先我们需要勾勒一幅关于凯尔森之观点的更为完整的图像。基础规范这一思想在凯尔森的法理论中具有三种理论功能:第一,为法律效力确立了一种非还原论的解释;第二,为法律的规范性确立一种非还原论的解释;第三,可以解释法律规范的系统性。由于我想要把大多数精力集中在前两个解释性功能上,所以此处暂且允许我先来简要谈谈第三个功能。这三个问题之间并不是彼此毫无关联的。

凯尔森正确地指出,法律规范必然以系统的形式出现。并不存在独立的(free-floating)法律规范。如果你告诉我说一项法律要求某个遗嘱要经由两个见证人见证,我可能会问你所谈论的是何种法律体系?它是加拿大法、德国法还是其他法律体系中的法?此外,法律体系是在一个层级结构中进行自我组织的,由此不仅展现出了巨大的复杂性,而且也表现为一个系统性的统一体。我们谈论加拿大法或者德国法等,不单单因为这些国家是存在着法律的独立国家。它们同样也是独立的法律体系,并表现为一个联结体和统一体。凯尔森试图通过如下两个假设来获致这种系统性的统一体:

(1)效力源自同一个基础规范的任何两个规范属于同一个法律体系。

(2)某一特定法律体系中所有法律规范的效力均源自同一个基础规范。

上述两个假定事实上是否正确，仍然是备受争议的。约瑟夫·拉兹认为，即便是乐观地来看，这二者都是有失偏颇的。[8] 两个法律规范的效力可以来源于同一个基础规范，但却未必能够归属于同一个法律体系。比方说在一个和平分裂的情况下，经由另一个法律体系的法律授权，一个新的法律体系会借此被创造出来。某一特定法律体系中所有合法有效的规范都从同一个基础规范那里获得其法律效力，这也未必是正确的。[9]

无论如何，即使凯尔森在关于法律体系之统一性的细节方面有所闪失[10]，他的主要观点仍然是正确的，并且是相当重要的。的确，法律在本质上是系统化的，而且法律效力的观点和法律的系统化本质是紧密相连的，这也是事实。当我们（在导论部分）提及法律效力必然具有时空性（spatiotemporal）时，实际上就已遇到了法律效力与法律系

---

[8] Raz, *The Authority of Law*, 2nd ed., Oxford University Press, 2009, pp. 127-129.

[9] 关于这一点，一个很好的例子来自于欧共体各国的当前局势：欧盟国家中一些合法有效的规范的效力源自欧共体的条约和立法，而另一些规范的效力则源自国内法律体系中的基础规范。然而，我们仍然不会倾向于认为在欧盟的任意一个成员国中，都存在着两个独立但却有效的法律体系。简而言之，凯尔森认为法律体系必然拥有一个整齐的层级结构，并且能够将其归入一个基础规范之下，上述假定事实上似乎是错误的。

[10] 凯尔森在这里似乎也混淆了两个问题：一个法律体系中法律的效力与法律的成员资格问题。他似乎认为这两个方面的判准必然是等同的。但是事实并非如此。即使一个特定的规范归属于某个法律体系，至少出于某些目的或者在特定的背景下，它仍然能够成为另一法律体系中合法有效的规范。比如说，受英国法管辖的一项合同，也可能同样受到法国合同法规范的调整。

统化本质之间彼此联系的这个方面。在某个特定的法律体系中,规范是合法有效的;它们势必构成了在某个特定时空范围内行之有效的规范体系的一部分。[11]

最后这一点带给了我们另一种观察,这是凯尔森关于法律效力与他所谓的"实效"(efficacy)之间关系理论的核心内容。在凯尔森的著作中后者是一个创造性的术语:如果一个规范被有关的主体所实际地(普遍地)遵守,那么它就是有实效性的。由此,"一个规范被认为是合法有效的",凯尔森写道,"只有在属于一个规范体系并且属于一个就其整体来说是有实效的秩序的条件下"[12]。因此二者之间的关系是这样的:实效并不是个别规范之法律效力的一个条件。任何特定的规范即使未能获得任何主体的遵守,却仍然能够是合法有效的。(比如说,设想一个刚刚被制定出来的新法,即使还没有人能够有机会去遵守它,但它仍然是合法有效的。)然而,一个规范只有在属于一个体系并且属于一个在整体上被某个特定人群所实际践行的秩序的条件下,才能够被认为是合法有效的。因此,也正如凯尔森所坦承的那样,法律效力的观点同这一社会实践的事实是紧密相连的;可以说一个法律体系仅仅作为一种社会事实而存在——该事实则存在于人们实际地遵行

---

[11] 应当承认,这多少有点过于粗率;一项法律所宣称的管辖权范围并不必然等同于它实际所拥有的(事实上)管辖权范围,而且法律有时所宣称的管辖权范围是超出一国领土范围之外的(extraterritorial)。虽然这有些复杂,但是法律效力之普遍的时空性面向仍然是法律的一个本质面向。

[12] GT, p. 42.

某些特定的规范之中。

那基础规范呢？实效是它具有效力的一个条件么？或许有人认为凯尔森对此本该给出一个否定性的答案。毕竟，基础规范是一个在逻辑上使得法律的有效性可以理解的预设。这似乎就是对法律效力的反还原论解释的全部要点：既然我们无法从"实然"中推出"应然"，某些"应然"必定在前提背景中被预先假定了，从而使得我们能够解释某些行为或事件何以具有法律重要性。然而凯尔森却十分明确地承认，实效是基础规范具有效力的一个条件：当且仅当基础规范被某个特定的人群所实际遵守时，它才具有法律上的效力。事实上，正如我稍后将要解释的那样，凯尔森对此别无选择。而且，这也恰恰正是至少在其反还原论主义中一个至关重要方面所注定要失败的原因。对此请允许我来做一些详细的解释。

相对主义与还原论

众所周知，凯尔森关于基础规范之预设的论证采取了一个康德式先验论证的形式。[13] 其结构如下：

---

[13] 参见鲍尔森为 PT1 一书所作的序言。凯尔森是否采取了一个先验论证，我认为他已经逐渐改变了对这一问题的看法。在其早期的作品中，或许他认为自己采取了这样一个论证形式，但是在 20 世纪 40 年代中期 GT 一书出版之后，他似乎已经抛弃了这种康德式版本。无论如何，我在文中的观点是康德式版本在其整个论证背景下是毫无意义的。

(1) 仅当 Q 为真,则 P 为真

(2) 如果 P 为真(或者 P 是真的)

(3) 那么,Q 也是真的

在凯尔森的论证中,P 代表着法律规范是"应然"的陈述这一事实[14],而 Q 则是对基础规范的预设。换句话说,对基础规范的必要预设源自这样一种可能性前提,即赋予行为或事件以法律意义。为了将某个行动解释为创制或修改法律的行为,就有必要说明一些其他法律规范赋予该行为或事件的相关法律意义。正如先前所指出的,在某些情况下我们必定会用尽那些能够赋予法律创制行为以相关效力的法律规范,也就是在此时我们无疑要对法律效力进行预设。这一预设的内容便是基础规范。

试图以康德的先验论证逻辑来为凯尔森的论证寻求一个解释,在我看来这将是一个错误。首先,康德使用先验论证来建立一些关于知觉(perception)范畴和模式的必要前提预设,它们对于理性认知或人之所思是必不可少的。它们形成了人类认知的深层的、普遍的和必然的特征。一言以蔽之,康德之所以采取他的先验论证正是力图回应休谟关于认知的怀疑。然而,比之于康德的理性主义,凯尔森还是更加接近于休谟的怀疑论。凯尔森尤其对

---

[14] 凯尔森否认"应然"的陈述是命题;他认为对此类陈述无法进行真值评价。我将在很大程度上对凯尔森理论的这一方面弃之不顾,但这并不影响我的论证。

任何客观的道德基础表示非常怀疑,而这恰恰是康德的道德理论所包含的内容。凯尔森的道德观是一种彻底的相对主义(下文中将有更多讨论)。其次,但并非毫无关系,正如我们将要看到的那样,凯尔森明确地拒绝了这样一种观点,即基础规范(在法律或者其他任何规范性领域中)有点像是人类认知的一个必然特征或范畴。基础规范的预设是可选择的(optional),人们并不必然要接受法律的规范性;凯尔森断言,拒绝法律的规范性效力的无政府主义当然就是一种选择。基础规范的预设仅仅是针对那些接受"应当",也就是对于接受法律的规范性效力之人而言的。但是,却不得理性地强迫人们持有这种态度。

> 纯粹法理论将实在法描述为一种客观有效的秩序,并声明此种解释仅仅在基础规范被预设的条件下才是可能的……由此,纯粹法理论将这种解释视为一种可能而非必然,并且将实在法的客观效力描述为受条件限制的——亦即受到被预设的基础规范的制约。[15]

凯尔森本人提出,和宗教进行比较在这里或许对我们有所帮助。他主张,宗教信仰的规范性结构十分类似于法律的规范性结构。它具有同样的逻辑:关于一个人应当如何行事的宗教信仰,最终源于他对神之指示的信仰。然而,神的指示仅仅对那些预设了其各自敬奉的宗教的基础

---

[15] PT2, pp.217-218.

规范之人才具有规范性效力——该规范告诫人们应当服从神的指示。由此，像法律的规范性那样，宗教的规范性也立基于它所预设的基础规范。但是在这两种情况下，事实上也正如其他规范性体系一样，基础规范的预设仅仅对那些将相关规范作为其行动理由的人来说，在逻辑上才是必需的。由此，实际上你是否预设一个相关的基础规范是一个选择问题，可以说这是一个意识形态的选择而非理性使然。类似地，由基础规范所预设的法律的规范性也是选择性的："例如一个无政府主义者，他否认实在法所假定的基础规范的效力……认为实在法对人类关系的实际调整……仅仅是各种权力关系。"[16]

一如既往，相对主义总是要付出代价的。关于是什么决定了基础规范的内容这一问题，我们迄今只字未提。为了使得作为一种规范性法律秩序的实在法明白易懂，人们需要预设一个基础规范，那么这种基础规范的内容是什么呢？一个简单的答案在于，人们此处所预设的恰恰就是实在法的规范性效力——该法事实上被某个特定的人群所践行。正如前面所简要提及的那样，基础规范的效力取决于它的"实效"。任何特定法律体系中基础规范的内容，是由流行于相关社群中的实践事实所决定的。也恰如凯尔森本人所反复指出的那样，一场成功的革命为基础规范的内容带来了一次彻底的变革。比如说，设想在一个特定的

---

[16] GT, p. 413.

法律体系中,基础规范是由雷克斯一世所制定的宪法,而这一基础规范是有约束力的。在某个特定的时刻,一场政变(coup d'état)发生了并由此成功地建立了一个共和政府。在这一点上凯尔森承认:"人们预设了一个新的基础规范,而基础规范不再将制定法律的权力授予君主,但是却可以将此权力授予革命政府。"[17]

23 这里凯尔森是否背离了他自己对休谟关于从"实然"中无法推导出"应然"的告诫?我们不难看出这样清楚的想法,即凯尔森意识到了其立场所面临的一个严重困难。在《纯粹法理论》的两个版本中,凯尔森轻率地认为国内法律体系中基础规范的改变,或许可以合法地源于国际公法中的基础规范。由此使他得出了一个令人十分不悦的结论:在整个世界中仅仅存在着一个基础规范——此即国际公法中的基础规范。[18] 尽管如此,主要的担忧存在于其

---

[17] PT1, p.59.
[18] 在《纯粹法理论》(第61—62页)的第一版中,凯尔森认为根据国际法的基础规范,国家主权是由成功地控制某个特定的领土范围所决定的。因此,成功的革命所带来的基础规范的改变,可以用依赖于国际法教义(dogmas)的法律性术语来解释。然而,凯尔森却要为这一解决方案付出十分高昂的代价:他被迫主张所有的国内法律体系的法律效力都源自国际法,并且这使得在整个世界中仅存在着一个基础规范——国际公法的基础规范。尽管这一解决方案也复现于《纯粹法理论》(第214—215页)的第二版中,凯尔森在提出这一观点时表现出了更多的犹豫,或许只是作为一个有意义的选择。至于他是否愿意再坚持这一解决方案,并不是十分清楚。这种犹豫是可以理解的;所有的国内法律体系的法律效力都源自国际法,毕竟这一观点会给大多数法学家和法律历史学家留下相当怪诞的和抱残守缺的印象。而且认为整个世界仅存在这一个基础规范,也就是国际公法的基础规范,这一观点也令人难以置信。

他方面。这种担忧源自如下事实,就某个特定的规范性领域而言,想同时坚持一种彻底的相对主义立场和反还原主义立场,即使可能的话也非常困难。如果你坚持这样一种观点,认为某一类规范的效力完全和某一种观点相关——换句话说,如果这其中所包含的仅仅是人们的事实行为、信念或预设以及态度——这就很难将规范性解释从构成那一相关观点(关于人们的行为、信念、态度等诸如此类)的事实中分离开来。这正是先前在评论凯尔森时所提及的,他别无选择而只能承认基础规范的效力取决于其实效。凯尔森观念中所固有的规范相对主义,迫使他将基础规范的内容建基于构成其内容的社会事实——前述人群所持有的关于行为、信仰及态度方面的事实。由此,还原论解释是能够加以避免的,这一观点就变得十分的可疑。事实上,在这里凯尔森向我们所真正展示的是诱使人们根据某些社会事实,来为法律效力的概念提供一种还原论解释,而这些事实则构成了任何特定的基础规范的内容。

有人可能会反对这一结论;无疑,并非每一种规范相对主义形式都会导致还原论解释。这是正确的;并不是任何一种相对主义都蕴含还原主义。比如说,某人对关于行动的道德理由持一种非还原论的观点,然而这并不妨碍他在某种程度上对这些理由持有相对主义的态度。举例来说,人们可能认为一些关于行为的道德理由是和情境条件(比如讲交情的理由取决于我们的心理构成及一些社会现实)相关的,或者是和一些认知限制(比如一个人如果无法理解一项理由或构成该理由的事实,那么他便没有理由来从事某种行为)相关的,或者是和许多其他诸如此类的因素相关的。但是为了避免还原论,人们必须在理由与多少有点受限的情境条件之间保持一种相对性,人们必须要对相应于情境事实的理由的相对性保持一定限度,更为关键的是要使得上述理由能够通过那些无关于情境事实的理论要素得以解释。如果一个规范性解释的所有理论要素是和一些构成性事实相关的,那么这些事实将会提供你所需要的解释。换句话说,彻底的相对主义的立场事实上本身也是一种还原论。[19]

我要澄清一下:这里凯尔森的问题并非源于如下事实,就诸如道德、宗教等任何规范性体系而言他是一个相对主义者;这并非其与还原论问题有关的相对主义的范围。问题源于这样一个事实,即凯尔森这样看待法律是对的。在任何一种法律秩序中,法律效力在本质上是与构成基础规范之内容的社会事实相关的。正如从一开始所指出的那样,法律效力总是具有时空性的。现在我们可以明

---

[19] 我的意思并不是说,这滑向了另一个极端。我认为马克·施罗德为我们拒绝这种观点提供了一个非常好的理由;在判别一种被他称为构成性还原主义的规范性解释时,他通过举例说明并不是每一种关于规范性的还原主义解释都必然是相对主义的。施罗德并没有直接这么说,但是我认为这可以充分地从他的文章中推断出来。See Schroeder, "Cudworth and Normative Explanations", *Journal of Ethics and Social Philosophy* 1, no. 3 (2005), at www.jesp.org.

白这是为什么了：因为法律效力取决于某个特定社会中被实际遵循的基础规范的内容。举例来说，英国的法律之所以不同于美国的法律，原因在于人们（主要是法官和其他官员）在其各自的辖区内实际上奉行着不同的能够被视为法律的规则或基础规范。一旦如凯尔森曾经所承认的那样，基础规范的内容完全是由实践所决定的，理解他所提出的法律效力的解释何以是非还原性的将会十分困难。

是时候回到法律效力与法律规范性这两个概念相区分的这个问题上了。尽管凯尔森的基础规范意在阐明这两个概念，但是我们很有可能从凯尔森的理论中得到关于这两个不同概念的不同答案。到目前为止我的观点意在说明，在为法律效力的概念提供一种解释这方面，凯尔森的理论并没有试图避免一种还原论的解释。在任何一个特定的法律秩序中，合法有效的规范都来源于其上位的基础规范，而基础规范的内容则完全是由社会实践决定的。因此，在凯尔森自己的解释中，决定规范之法律效力的条件结果存在于人们的行为、信念与态度的有关事实中——这些事实构成了任何特定法律体系中基础规范的内容。但是，这对于我们理解法律规范性的方式几乎不产生直接的影响。此外，凯尔森关于法律规范性的观点被证明是十分有趣的。

需要意识到的第一个关键点在于，对凯尔森而言规范性的概念似乎等同于一个真正的"应当"；它是一个实践慎思(practical deliberation)的正当性理由。当且仅当一个主体将某个内容视为一个有效的行动理由时,它们才被认为具有规范性。约瑟夫·拉兹正确地指出,就这一点来说凯尔森基本上是赞同自然法传统的;这两者都假定,就像我们解释道德与宗教的规范性那样,只有通过有效的行动理由才能解释法律的规范性。[20] 然而,凯尔森的问题在于如何解释法律规范性与道德规范性之间的区别;如果法律上的"应当"是一个真正的"应当",那么我们何以区分一项法律义务与一项道德义务呢?[21] 对此凯尔森的回答是,相关的"应当"通常总是和某个特定的立场相关的。任何一类"应当"——无论是宗教的、道德的还是法律上的——都必然预设了一定的立场,它是由相关规范体系中的基础规范所构成的。

换句话说,凯尔森关于法律规范性的观念,结果被证明是一种完全关联于特定立场的自然法形式。然而在凯尔森的理论中,相应的立场很明显是一种法律观念,而非一般的道德观念或理性观念。上述两种基础规范*或相应的立场可能会分道扬镳,这被凯尔森的如下评述很好地证明了,"即使一个无政府主义者,如果他是一名法学教授,

---

[20] Raz, *The Authority of Law*, 2nd ed., Oxford University Press, 2009, pp.134-137.

[21] 凯尔森清醒地看到了这一问题;他认为自然法传统的一大流弊就在于混淆了法律义务与道德义务。

* 此处的两种基础规范分别意指法律体系中的基础规范和道德领域中的基础规范,对应的立场也分别是法律立场和道德立场。——译者注

他仍然能够将实在法描述为一种有效的规范体系,而无须赞成这项法律"[22]。无政府主义者并不支持将法律立场作为一种对其道德是非观的反映。在这里,无政府主义被理解为一种对法律的规范性效力的拒斥。然而在这一或那一情境中,即使无政府主义者会争论法律的要求,并且当其提出如此论争时,必然已经预设了一种法律立场——她必然表明了自己好似已经认可了相关法律体系中的基础规范。约瑟夫·拉兹将这类陈述称为"超然的规范性陈述"(detached normative statements);无政府主义者的论争表明其似乎认可了基础规范,而却无须实际认可此一基础规范。拉兹给出的另一个例子是这样的:假定一个天主教神父是位犹太法方面的专家,他可以在这一或那一情境中针对法律的要求提出各种各样的观点。在这种情况下,这位神父必然表明了其似乎已经认可了犹太法的基础规范,但作为一个天主教徒他却无须实际地认可上述基础规范。这些基础规范并没有反映出他的是非观。[23]

这就是到目前为止所表明的:规范性的概念,亦即规范性内容与行动理由相关联的意义,在所有这些领域中都是相同的。将某些事物视为具有规范性,其实就是将其视为一种经由实践慎思的正当性要求。然而,区别却存在于

---

[22] PT2, p.218n.
[23] See Raz, *The Authority of Law*, 2nd ed., Oxford University Press, 2009, pp.153-157.

这些立场的差异上。任意一种基础规范都决定了某一特定的立场。因此,结果便是(不同于康德的)规范性总是由附条件的命令(conditional imperatives)所构成的;当且仅当某人认可了一种取决于基础规范的规范性立场,那么由此所产生的规则可以说是一种理由给予(reason-giving)。这使得凯尔森能够在规范性的性质上和自然法观念(也即规范性作为行动性)保持一致的理解,同时却又无须将道德的规范性与法律的规范性合并在一起。换句话说,法律规范性与所谓的道德规范性之间的区别,并不在于其规范性(关于规范性自身的性质)上的差异,而仅仅是取决于它们各自不同的基础规范的相关立场。使得法律规范性与众不同的地方,也恰恰在于其法律立场的独特性。

我们可以将相对于道德而言的这一观点所引发的难题搁置一边。很显然,许多哲学家将会拒绝凯尔森的如下观点,即行动的道德理由仅仅适用于那些选择认可基础规范(其内容如何在所不问)的人。即使凯尔森在对待道德规则的相对性本质方面是大错特错的,但是在对待法律这一点上他或许是正确的。然而,鉴于凯尔森对法律效力的解释终究还是被证明是一种还原论的这一事实,由此我们需要强调的问题则在于他是否成功地提供了一种关于法律规范性的非还原论解释。

我认为在这里使得凯尔森身陷困境的原因,并不单单是其相对论的立场;困境就在于,凯尔森没有将对相关立场的选择奠基于理性或任何理由之上。是什么可能为一个主体赞同某个法律立场或任何特定的基础规范的选择提供基础？通过刻意地避开对此作出任何的解释，在凯尔森那里法律的规范性这一难题仍悬而未决。对于是什么使得法律立场的预设合理化或是使得法律的规定能够合理地被视为具有约束力的规定，正如人们应当去做某事那样，对此他并未给出任何解释。[24]

让我对此来做一下总结。到目前为止我的论证旨在说明，与其所渴盼达到的目的相反，凯尔森关于法律效力来源的理论实质上是一种还原论解释。他的法理论迎合了某种将法律效力还原为社会事实的解释——亦即关于人们的行为、信念与态度的事实——它们确定了相关基础规范的内容。我同样也力图表明，对凯尔森关于法律规范性的解释存在着一些误解之处。凯尔森正确地提出了如下假定：规范性只能够根据行动理由来加以理解，但是这些行动理由是何种类别的理由，以及是什么使得它们能够成为理由，当这些问题出现时凯尔森却只是要求我们停止继续追问。从整体上来看，这两个问题暗示着我们尚未回应从一开始就面临的主要挑战：用我们刚刚在这里所使用的术语来说，这个挑战就是如何使得一种对法律效力的解释（这种解释十分有可能是一种还原论解释）与一种对法

---

[24] 在第二章中我们将会看到，凯尔森对法律规范的个体性持有一种十分特别的观点，即认为所有的法律规范最终都指向官员。

律规范性的说明(这只能根据行动理由来加以解释)相互保持一致。对此凯尔森认为法律义务取决于一种预设,人们既可以选择承认这一立场也可以选择否定这一立场,至于是什么促使人们作出这种选择或使该选择变得合理,人们无须对此作出任何解释,尽管如此,凯尔森的回应依然是十分不完整的。在第三章中,我们将会看到如何来修正凯尔森的一些观点并补全对上述问题的解释。然而,本章接下来我将会探讨凯尔森反还原论抱负的另一不同侧面,这关系到法哲学自身的性质。

两种还原论

凯尔森关于法律效力的反还原论并不能令人信服,这一事实并不意味着他的反还原论全盘失败了。我们应当在"为一些研究对象提供一种还原论解释"的理论与"致力于将一种理论还原为另一种理论"的观点之间作出区分。凯尔森的纯粹法理论力图同时避免这两种情况。如果我的论证是正确的话,那么在前一问题上他失败了,但这并不必然意味着他在后一问题上是错误的。人们为法律效力的来源提供了一种还原论的解释,事实上这并不要求他们对如下观点作出承诺,即关于法律性质的理论可以被还原为一些其他类型的理论。在拒绝后一种还原论这点上,凯尔森是十分正确的,对此我将提出论证。

凯尔森在好几处都指出,将法学全面地还原为社会学的尝试是没有意义的。如果某人将要提出一种将法学还原为某种"自然科学"形式的主张,无论是社会学还是其他任何被视为基础性的学科,"能够确定的是,从这种立场来看,法律完全失去了其特殊意义……唯有借助于规范法学所界定的法律概念,社会学才能够解释法律现象以及一个特定社群的实在法。社会学法学预设了这一概念"。[25]

请记住,在凯尔森看来,法律基本上是一种解释框架。由此,关于法理论的一个主要挑战便是对这一解释框架之构成的说明。目标在于说明是什么使得我们把世界中的某些行为和事件解释为具有法律意义,以及此种法律意义的来源是什么。第一个问题是关于法律效力的条件问题,而第二个则是关于法律规范性的意义问题。然而,这二者都触及了意义的领域;对法律性质的一种哲学解释,实际上就是一种对某些社会实在之整体的、公共的以及某种程度上客观意义的解释。就此而言,法律非常类似于一种自然语言,所以我们似乎可以说法哲学也类似于这种语言哲学。由此,提供一种将法哲学还原为社会学的还原论并不比将语言哲学还原为社会学来得更加有意义。我相信这是凯尔森法理论中最为重要的论点之一;因此,请允许我做一些细致的说明。

---

[25] GT, p.175. 提及"规范性法学"这一术语,凯尔森意指对法律规范的哲学性解释——而非规定性意义上的规范性。

30　　法哲学不仅能够而且应当为一些科学型的理论所取代,至少自20世纪初以来,这一观点就已经在法理学尤其是美国(以及斯堪的纳维亚主义)法理学中处于一发不可收拾的状态。正如布莱恩·莱特所称谓的那样,这种"自然化法学"(naturalizing jurisprudence)*的趋势可以通过两种不同的方式来加以理解,然而凯尔森的反对意见仅仅适用于其中的一个。让我们将它们称为还原性替代理论(reductive-displacement)与议程替代理论(agenda-displacement)。还原性替代理论将某一特定领域或研究对象(将其称为O)视为前提条件,而O目前已被某类理论所解释(将其称为A类理论),A类理论意在提供一种将O还原为另一种不同的理论(将其称为B类理论)。换句话说,还原性替代理论意在以关于O的B类理论替代关于O的A类理论。这就是凯尔森所宣称的那种对法学而言根本不可能适用的还原性替代理论。另外,议程替代理论并不意在将一种理论还原为另一种理论,而主要是改变相关的研究议程。这种观点关注的是急需替代的研究对象,以及唯有如此才被视为适当的那种理论。

　　我认为可以通过对流行于20世纪头十年的美国现实

---

*　自然化法学这个概念主要是由美国学者布莱恩·莱特所提出的,并用以为法律现实主义提供哲学基础上的辩护。莱特借助于奎因所倡导的自然主义认识论,试图在法学领域引发一场自然主义的革命。为此,他从根本上打击了分析法学长久以来所赖以为凭的概念分析工具,转而提倡以社会科学的经验性研究方法来研究法律,从而为法律现实主义的复兴重构一套全新的哲学理论基础。——译者注

主义法学的进一步了解,来获致一个关于上述区分及意义的最佳解释。然而,我们的兴趣将仅限于作为一种替代理论模式的美国法律现实主义;我并不试图对这一学派的思想提供一个详尽的历史考察,或者详尽检讨其任何特殊版本(的确有许多版本)。然而可以肯定地说,美国法律现实主义的各种不同版本对如下框架性论点都赞同[26]:

(1)法律最终是法院事实上所做之事。

(1a)因此,要想知道法律是什么,某人需要能够对法院事实上将做之事进行预测。

(2)法律规则无法为预测法院事实上将做之事提供充分的确定性根据。

(3)因此,一些其他类型的理论便成为了必需,它们能够为司法判决提供更加准确的预测。

(3a)为此类预测所需的那种理论,只能是一种关于法官实际上以何种方式获致其判决的科学理论,并且在本质上它是经验主义的。

(4)因此,法学必定要被某种经验主义的科学理论所取代。

布莱恩·莱特指出存在着两种理解以上方法论争论

---

[26] 这一框架下的基本观点,已经在奥利弗·温德尔·霍姆斯的著名讲座"法律的道路"中出现过了,参见他的"The Path of the Law", *Harvard Law Review* 10 (1897): 457。

的方式,尤其是取决于人们如何理解第一个假设[27],在这一点上他是十分正确的。如果第一个假设被理解为一种关于法律性质的概念上的或哲学上的宣称,这很显然是错误的,那么由此也使得整个论证不合逻辑。然而存在着一种更好的方式来理解这一争论并且可以轻易地避免上述非连贯性,对此我同意莱特的观点。所以,让我们看看这里到底是怎么回事。如果人们想知道(在一个特定的辖区内)法律对这一或那一问题的真正要求是什么,那么就有必要查阅司法判决的内容,这一观点的确存在着一些貌似可信之处。事实上这是任何法律秩序的一个必然特征,亦即人们必然要确定法律是如何运用到具体案件中去的。而且有这样一种观念,确定法律在这一或那一具体案件中的意义,就是确定法律的实际内容或真实内容。由此,单单对实际司法判决的关注并不必然是误导性的。问题在于这种关注是基于何种目的?当我们说法律是什么就是法官事实上的所作所为时,这一回答究竟出了什么问题?

诸如哈特等批评者们很快就指出,如果我们把框架性论点中的第一个假设理解为对法律之性质这一哲学问题

---

[27] 在这一节中,我主要依赖莱特的"法律现实主义"("Legal Realism", in *Companion to Philosophy of Law and Legal Theory*, edited by D. Patterson, Blackwell,1996)一文;与这篇老文章的观点相比,莱特在其《自然化法学》(*Naturalizing Jurisprudence*, Oxford University Press, 2007)论文集中更为详尽地阐述了他的观点,那本书中的部分文章似乎表现出了对法学之"自然化"更多的同情。

的回答,那么便是毫无意义的。哈特认为把法律普遍地说成是法官事实上的判决没有任何意义,因为人们作为法官的制度性角色是由法律所决定的。在人们以其法定的司法权限作出任何决定之前,我们首先需要凭借法律来建立司法角色。可以说大量的法律应当出台并被普遍地视为法律资料,职是之故,我们方能理解法官的判决何以具有法律意义,以及理解他们如此行为所带来的法律后果。[28]

现在,你可能会认为法律现实主义者刚刚犯了一个愚蠢的错误。但很有可能的是,这种错误存在于别的地方——将那种关于法律性质的哲学兴趣所产生的框架下论点间的非连贯性归咎于现实主义者,可能会是一个错误。换句话说,第一个争论的假设不应当被用来维护那一十分荒谬的命题,即一般而言法律就是法官事实上的所作所为(正如哈特似乎已经假定的那样)。不是把这一论点视为对"法律是什么"这一哲学问题的回答,而是可以将其看作对一种特定研究旨趣的表达——一个上文所提出的关注司法判决之预测的研究议程。并且,假如我们根据所宣称的研究议程来解释第一个框架下论点的假设,那么非连贯性的问题就能够被避免。为了将这个问题简单化,法律现实主义者的旨趣并不在于法哲学。他们仅仅是想确立一项新的研究议程,该议程关注我们能够借以确定法官

---

[28] See Hart, *The Concept of Law*, 1st ed., Clarendon Press, 1961, p. 133.(除非另有说明,所有的引用都是该书第一版内容。)

何以获致其判决的那些方法,以及是什么使得我们能够预测法官在将来很有可能作出的各种判决。一般而言,现实主义者所追随的这种替代性理论并不是一种还原论,而是一种我们在前面所称的议程替代性理论。

我们可以通过对如下事实的认识,来获致关于法律现实主义蓝图之解释的清晰证据,即在离开了这一理论的情况下,上述方法论争论的第二个假设将失去意义。第二个假设指出,法律规则无法为预测法院事实上将做之事提供充分的确定性根据。正如法律现实主义者想方设法地说明的那样,司法判决常常是基于法官对其所面临的案件事实的直觉反应而作出的,法律材料的作用仅仅在于使其判决合理化而不是作为判决的根据。然而,只有当我们已经拥有了一种关于法律规则是什么的确定观念,及其何以不同于法官所赖以裁判的其他根据之时,这一命题才具有意义。[29] 主张法律规则无法为司法判决提供充分的限制,正如法律现实主义者所不厌其烦地坚持的那样,隐含了这样一个必要的但含蓄的认识:一些对于法律规则是什么的解释,及其何以不同于其他那些对慎思所施加的可能性约束的解释,肯定是可以获得的。换句话说,第二个假设隐含了法律规则能够与其他那些对司法判决施加的潜在约

---

[29] 此外,这一点也被哈特所察觉到了,同上;See Leiter, "Legal Realism", in *Companion to Philosophy of Law and Legal Theory*, edited by D. Patterson, Blackwell,1996.

束区别开来。莱特认为法律现实主义者十分清楚地认识到了这一点,传统的法律实证主义对法律规则是什么及其何以具有法律效力的问题提供了一个满意的回答,我认为这是十分可信的。他们无意为法律的性质这一概念性论题提供一个竞争性的解释。他们的兴趣完全不在此处。

现在我们或许可以看出这一论点是如何被归纳出来的:就法律现实主义来说,它可以解释凯尔森的如下有名论断,"唯有借助于规范法学所界定的法律概念,社会学才能够解释法律现象以及一个特定社群的实在法。社会学法学预设了这一概念"。换句话说,凯尔森并不反对美国法律现实主义者所追随的那种议程替代性理论,只要这一理论被理解为并不意在以社会学或任何其他自然科学来取代法学。此外,凯尔森也会赞同,这一方法论的替代性理论实际上作了如下预设:法律渊源何以不同于那些能够对法官和法律官员的决定所施加的其他类型的约束,对此存在着一些哲学的解释。用莱特的话说,自然化法学能够很好地运行,只要它不是一种真正的法学——被理解为关于法律的性质这一哲学性问题——人们试图将其还原成一种自然科学。关于法律的性质这一哲学问题,实际上就是一个关于解释框架的问题;也是一个关于复杂社会实在的整体意义和自我理解的问题。对法官裁判方式的科学兴趣,包括心理学的、社会学的或其他方面的,是一项非常有价值的课题。但是,对于在法律意义上是什么确立了一个司法角色,或者比之于其他可能影响法官判决的渊源而言是什么构成了一项法律规则,这些并不是那类课题所能够解释的。

建议进一步阅读的书目

George, *Natural Law Theory*.

Hart, *Essays on Jurisprudence*, chap. 4.

Kelsen, *General Theory of Law and State*.

Kelsen, *Pure Theory of Law*.

Llewellyn, *Jurisprudence: Realism in Theory and Practice*.

Raz, *The Authority of Law*, chaps. 3-8, 16.

Raz, *The Concept of a Legal System*.

第二章　作为法律基础的社会规则

凯尔森对哈特《法律的概念》这一法哲学领域的创世之作所产生的影响，对一般读者而言可能并不是十分明显。前述著作的相当一部分内容致力于对约翰·奥斯丁的法律命令理论进行检讨，虽然其中很少提到凯尔森的著作。在本章我想说明，哈特的法律理论将凯尔森的理论基础运用到其合理性结论之上，主要依靠了凯尔森的深刻洞见，但同时在某些至关重要的方面也对它们做了修正。尤其是凯尔森未能成功地为法律效力提供一种非还原论解释，使得哈特从中认真地吸取了教训。他的法律理论是一种彻头彻尾的还原论。哈特所提出的还原论解释，并不仅仅局限于对法律效力的阐释；它同样也扩展至一种对法律之规范性的准社会学（quasi-sociological）解释。哈特将广泛的批判性矛头指向奥斯丁，给人们造成了这样一种印象，即他发现奥斯丁对于法律的还原论界定存在严重不足。这的确是事实，哈特与奥斯丁之间的主要争论并不在于还原论本身;而哈特毋宁旨在说明奥斯丁所提供的特殊还原论建立在一种错误的基础之上。奥斯丁主张将法律还原成一种社会学意义的主权观,与此不同,哈特提供了一幅更为微妙和复杂的画面,其中他将社会规则的观念作为法律的基础。

本章安排如下:第一部分我将简要描述哈特对奥斯丁法律理论的批判,并集中关注两个主要的论题——法律并不是由命令所组成的,以及法律并不必然源自政治主权者。第二部分我将说明哈特针对奥斯丁所提出的替代性理论,实际上是一种凯尔森基础规范理论的还原论版本。最后,我将指出哈特关于法律规范性的解释中的一些难题,并提出一些在随后几章中得以进一步研究的方法。

为什么法律不是主权者的命令?

命令

法学可以追溯至托马斯·霍布斯政治哲学的一个长期传统,将法律视为政治主权者的一种工具。法律是政治主权者用以统治和指导其臣民行为的手段。我们很容易认为这种观念不合时宜而对其置之不理。难道它不是在假定政治主权者就像一个专制君主那样吗,坐在宝座上向其臣民发布命令以要求他们为或不为某种行为?毋庸置疑,一个现代法律体系要远比那复杂得多,并且法律是否曾经如此简单过也令人怀疑。我们不会对此如此地不屑一顾。法律命令论建立在两个有力的洞察之上。首先它振振有词地假定,法律是由某些人发布的、用以指导他人行为的指示或指令组成的。当然了,现在存在着很多情形,在其中一些人可以要求另外一些人做什么以及告诉他们如何去做。使得行为导向(action-guiding)的指示能够成为法律,这与指示的起源和功能不无关系;如果该指示源自政治主权者并且意在作为一种主权的运用,那么它就是法律。回想一下我们举的第一个关于在驾车过程中使用移动电话的例子:是什么使得人们如今在加州驾车时必须启用免提设备成为法律的呢?无疑正如我们所看到的那样,这并非指令本身的内容使然。使之成为一项法律的原因在于如下事实:这一规定被加州立法机关在其立法权限范围内经由适当的方式加以发布。因此或许它的全部意义在于:政治主权者的指示或命令就是我们所称的法律。

这就是奥斯丁所试图提出的基本见解。[1] 它包含两个主要的部分:法律总是表现为命令的形式,以及它必然源自政治主权者。哈特发现这两个部分面临着重重的困难。只有一小部分的法律可以说是由命令所组成的;并且

---

〔1〕 Austin, *The Province of Jurisprudence Determined*, J. Murray, 1832.

更为重要的是,我们无法根据政治主权来说明法律的渊源,原因在于这个特殊的主权观念或概念是一种法律上的概念。法律部分地形成了我们关于主权的观念;但是它不能被还原为主权。接下来我将依次讨论这两个观点。

根据奥斯丁的观点,每一个法律规范都是一个命令,亦即某个人(或某些人)向另外一些人所表达的应当以某种方式行事的一项要求,并以"做这事,否则……"的制裁威胁为后盾。在《法律的概念》第三章中,哈特极为详尽地解释了大多数法律都无法被还原为那种"做这事,否则……"的形式。有两个主要的问题与"做这事,否则……"这一法律模式紧密相关,首先是该模式假定法律被用来施加义务("为或不得为……");其次是它假定每一个法律规范都是以某种制裁威胁("否则……")为后盾的。当然了,这两个方面是彼此紧密关联的;它们共同构成了命令的观念。

哈特承认,的确有一部分法律拥有这种形式。刑法典中的主要条款就是清晰的例子,通过施加义务来限制某些行为模式,如果某人未能遵守这一规定则可以对其施加制裁相威胁。但是正如哈特正确指出的那样,大多数法律事实上并非如此。许多法律并不是用来施加义务的。[2] 比

---

[2] 更确切地说,我们应当承认在当代法律体系中,大量的行政法规采纳了"做这事,否则……"的形式。许多这样的规制性法律规范是由行政机关所制定的。

如说，法律也经常授予一项法律权力(legal power)，它们规定了一些方式，一旦条件获得满足时一个主体可借以在既存的规范关系中引入某种改变。[3] 比如说，设想一下合同的形成。一份合同是由一个要约以及对要约的承诺构成的。法律规定了是什么构成一项要约以及对它的承诺，法律同时还规定了由各种合同关系结构所产生的法律后果。用以规定一个具有法律上拘束力的合同何以形成的法律，则并不具有"做这事，否则……"的结构；法律无意强迫每个人都去订立一项合同——既不要求发出要约，也不要求作出承诺。此类规范的结构完全是任意性的：如果你想订立一份具有法律上约束力的合同，它就是如此形成的。但话又说回来，你没有必要发出一个法律上的要约或接受这样的一个要约。换句话说，我们此处所谈及的法律并不施加任何义务；而是授予权力——可用以建立一套新的并将获得法律认可的权利和义务。

然而，正如哈特所承认的那样，奥斯丁本人并不是没有意识到这个问题。尽管如此，他仍坚持认为"做这事，否则……"的模式可以适用于所有的法律，虽然有时只是被间接地适用。比如说，那些规定有关订立一项合同之形式的法律，实际上是要告诉人们：做这事……否则你的那种

---

[3] Hart, *The Concept of Law*, 1st ed., Clarendon Press, 1961, pp. 27-35.哈特对"法律权力"所采纳的界定，源自 W. N. 霍菲尔德关于法律权利的颇有影响的分析；参见他的 *Fundamental Legal Conceptions*, edited by W. W. Cook, Yale University Press, 1919。

关于订立一项具有法律上拘束力的合同的意图将要失败。的确,对此处若隐若现的不服从行为并不存在着直接的制裁,但是仍然存在这般的"否则":你原本所期冀达到的法律后果将落空。可以这么说,制裁在于使得你的行为在法律上被归于无效。出于以下两个主要的原因,哈特发现这一解决方案并不是十分充分。

首先,哈特注意到了如下两种规范之间的概念性差异,一种是要求你"做这事,否则……"的规范,另一种则是规定或确定创制新的规范关系的规范,诸如一项授予权力以达成一份合同的规则。前一种情形中,在行为要求与制裁要素之间存在着清晰的区别,只有在某人未遵守该规范的情况下制裁才能被适用,我们完全能够理解没有制裁要素的行为要求。然而在后一种情形中,不可能再作出这样的区分。一项确定何者才可以被视为一份有效合同的规则只有根据下述假设才具有意义:如果未能遵守该规则,你就无法成立一份有效的合同。我们只是无法将行为要求与作为一种未遵守之后果的法律上的无效分离开来。[4]

其次,奥斯丁的回应未能注意到意在施加义务之法的功能(诸如不得谋杀或偷盗的义务)与旨在进行权力授予之法的功能之间的一种非常重要的区别。后者的主要功

---

[4] Hart, *The Concept of Law*, 1st ed., Clarendon Press, 1961, pp. 34-35.

能并不是施加任何义务,甚至也不会拐弯抹角地或间接地施加任何义务。法律并不单单意在告诉人们应该如何行事;它的宗旨还在于提供一种服务。[5] 但是紧接着问题又来了:它所提供的是何种服务呢?难道不是那种依靠法律的强制力来保障人们权利的服务吗?

这样想想看:为什么交易的当事人会关心他们之间承诺的交换是否能够被视为一项合法的合同?一个十分可信的答案在于,他们之所以关心承诺的交换是因为在万一出现差错时,他们想让法律的强制执行服务为其所用。而这恰恰正是凯尔森所看到的。他赞同哈特的这一观点,奥斯丁的命令模式有些过于简单化了,以至于未能注意到权力授予规范在法律中所扮演的角色。然而,凯尔森也赞同奥斯丁的下述观点:正是法律的强制执行机制或通过使用暴力强迫人们就范的能力,才使得其成为一种独特的社会控制工具。因此凯尔森提出了一种对法律规范的相当反直觉的分析,借此所有的法律规范最终都指向了官员,指示他们当条件满足时使用暴力。在这种观念下,那种通常被我们视作个体性的法律规范(诸如规定何者能算作一份合同的规范,或者禁止谋杀的规范等)实际上只是法律的一部分(fragment),指向官员的那一系列条件的一部分决定了何时被授权使用暴力。所有的法律都是以"如果条

---

[5] Hart, *The Concept of Law*, 1st ed., Clarendon Press, 1961, pp. 33-35.

件 $C_{1\cdots n}$ 获得满足,则可使用暴力强迫 Y 实现结果 X"的形式对官员的指示。由此,凯尔森似乎赞同奥斯丁的这一观点,即法律基本上都是命令或指示,但是命令最终指向的是那些可以使用暴力强迫他人就范的人。[6]

可以理解,哈特要想奚落凯尔森关于法律规范的分析并不难。凯尔森的分析遗漏了这样一个要害,即大多数法律规范的主要功能实际上在于引导法律所指向的主体的行为。法律意在通过提供行动理由要求它所指向的对象按照某种方式行事,而非告诉官员何时可以使用暴力强迫人们就范。哈特通过税收与罚款之间的区别说明了这一点。在这两种情形中,对有关官员的指示是相同的:如果条件 $C_{1\cdots n}$ 获得满足,则可以强制从 Y 那里征收 X 美元。但是存在这样一个至关重要的区别:当法律施加一项罚款的处罚时,它的主要目的在于责难前述那种行为,只有当法律的这一主要目标落空时——禁止人们从事任何有可能被处以罚款之事——罚款才可能被相应地征收。与此相反,税收通常地并不旨在责难一个人被征税的那类行为。所得税并不旨在教导人们避免增加收入——情况恰恰与此相反。由此哈特得出如下结论,即凯尔森根据指向官员的指示对法律规范所做的分析很明显是存在缺陷的,

---

[6] Kelsen, GT, p.63. 凯尔森实际上并未创造这一观念,即将法律视为对官员之指示的一部分;该观念源自边沁,参见他的 *An Introduction to the Principles of Morals and Legislation*, Hafner, 1948, 330ff.

因为它完全遗漏了大多数法律所具有的主要的行为导引功能。[7]

此处值得我们暂留片刻来看一看,这场关于法律规范之性质的争论到底是什么。它并不单单只是一个问题;这里至少存在着三个不同的问题,它们交织于奥斯丁、凯尔森与哈特的论战之中。在一定程度上,这是一场关于法律在社会中的主要功能及其是如何紧密地关联于暴力的使用和法律施加制裁的能力的论战;一定程度上,它也是一场关于法律在本质上是否是一些人向另一些人所发出的指示这一问题的论战;此外在一定程度上,虽然并不是最重要的,这场论战还关系到这样一个问题,即是否所有的法律规范都能够被还原为一种一般的形式。

毋庸置疑,哈特对于第三点的阐述是正确的。无论是奥斯丁关于法律基本上都是以"做这事……否则"的形式所表现的命令,还是凯尔森提出的将所有法律视作一系列关于官员何时以及如何使用暴力的指示,都存在同样的过于简单化的缺陷(或者如哈特所说的那样,"以统一性为代价的扭曲"[8])。在每一个成熟的法律体系中,都存在着多种不同类别的规范,并且我们没有理由假定所有那些类型的规范都能够被还原为一种基本模式。但是,相比之下

---

[7] Hart, *The Concept of Law*, 1st ed., Clarendon Press, 1961, pp. 35-41.(这是哈特在《法律的概念》中唯一一处明确地提及凯尔森的地方。)
[8] Ibid., p.33.

另外两个问题则要复杂得多。首先来考虑一下制裁的观念:奥斯丁与凯尔森持同样的观点,认为在法律对不服从施加制裁的能力与其在社会中的主要功能之间存在一种十分密切的联系。正是使用暴力强迫人们服从这一要素才使得法律成为一种独特的规范体系,对此他们二人的观点是一致的。正如凯尔森所明确指出的那样,法律在我们社会中的主要功能是垄断暴力的使用。[9] 奥斯丁主张法律在本质上是一种政治主权者的工具,尽管凯尔森并没有如此强调,但我仍然认为他同意奥斯丁的这一观点。毫无疑问,这种观点与源自霍布斯的政治思想上的一个长期传统有关,它尊重政治主权关于垄断暴力使用的合理根据,以此来稳定社会和确保个体之间的和平共存。在相当大的程度上,哈特在《法律的概念》中的观点意在挑战法学中的这种霍布斯主义传统。该挑战是双重的:一方面,它涉及法律规范的多样性及其不同的社会功能;正如我们很快将要看到的,该批评的另一方面关系到法学中霍布斯主义传统得以成型的法律与政治主权之间的紧密联系。我认为这两个方面的挑战都是非常重要的,但是它们之中没有一个是完全成功的。那我首先来讨论一下制裁对于理解法律在社会中的功能方面所发挥的作用。稍后我们会讨论哈特对于法律是政治主权者的工具这一观点的挑战。

---

[9] Kelsen, GT, pp.18-19.

哈特坚持认为,奥斯丁和凯尔森过分夸大了制裁在法律中的作用以及对暴力的使用。只要我们对不同法律规范与制度的各类功能稍加留意,就会发现法律为了实现其功能并不总是需要一种制裁要素。我们这里需小心谨慎,以免误解这场论争。哈特的主要观点并不是关于人性的。它并不涉及是否大多数人实质上都能奉公守法并且通常地在毫无制裁威胁的情况下能够遵守法律这一问题。事实上,尽管哈特也认为在一个文明的法律体系中,大多数人通常想知晓法律的规定以便能够正确地行事,而且制裁的威胁远没有传统的霍布斯主义者想象的那么重要,但在这里它并不是一个主要的问题。主要的问题关系到法哲学更为重要的内容:法律旨在解决何类问题或回应何种要求,以及它们是否像霍布斯主义传统所坚持的那样与法律的强制性面向紧密相连?换句话说,该问题就是:暴力要素何以成为法律在我们社会生活中所发挥的主要功能?这里借用拉兹提出的用以支持哈特立场的观点,或许能更有助于我们的理解。[10]

拉兹让我们考虑如下思想实验:让我们想象这样一个世界,在其中无须任何制裁要素。让我们假定一个可以说只有天使的世界,除了这一点区别之外,它和我们生活于斯的现实世界并无二样:在我们的世界中要求法律对那些

---

[10] See Raz, *Practical Reason and Norms*, Princeton University Press, 1990, pp.158-160.

不服从行为施以制裁相威胁,但不管怎么样这对天使而言并不具有效力。现在有这样一个相关的问题:由天使所组成的这个世界需要各种各样类似于在我们的社会中被称为法律的那种制度吗?如果答案是肯定的话,我们可以得出如下结论,即法律的功能与霍布斯主义传统所坚持的法律的制裁要素之间并不存在着如此紧密的联系。而拉兹的答案是,事实上我们应当看到即使是天使也需要很多看起来十分类似于那种被我们称为法律的制度。比如说,天使们针对大规模的协调难题*需要规范性的解决方案;在明智的天使提出异议的情况下,他们需要一种用以确定该做什么的机制,某种集体决策是必需的;他们需要一种可以解决个人在对待此类问题上的冲突观点的机制;此外他们还需要一些在发生冲突以及诸如此类的情况下授权确定相关事实的制度。[11] 由此,同哈特一样,拉兹这般地总

---

* "coordination problem"也可以翻译为"调整难题""整合难题"或"统合难题",指的是不同的人在进行某些行为时,如何可能进行合作。协调难题的经典例子是走路靠哪边。这种事情关键是所有人都同意,至于到底做何选择倒并不重要。而确立了这么一个规则后,我们就不必每次上路时都要算计一番。比如,如果人人都同意(不管是明确同意还是默许)了某种惯例,我们就不必胡乱猜测其他参与者。这就节约了我们的行为成本。值得关注的是,菲尼斯也提及了协调难题。在他看来,协调难题的解决只能有两种方式:一种是合意,一种是权威。但菲尼斯认为合意已经超出了政治共同体中实践可能性的范围,因此只能通过权威来解决合作问题。只是,权威也必须是一定条件下的权威。相关解读可以参见支振锋:《从社会事实到法律规范——作为社会实践的法律》,载《环球法律评论》2009年第3期。——译者注

[11] 请注意,天使们对这些制度的需求表明了他们同样需要立法和审判方面的制度,这十分类似于在我们的生活世界中被视为立法和审判的制度。

结道:法律的强制性要素——通过使用暴力强迫他人服从的能力——远没有人所想象的那样重要。即使没有使用暴力的必要,法律制度以及各种各样的法律规范还是能够为我们提供许多需要和功能。

我并不完全信服这一思想实验。尽管在一般意义上我发现它的结论是正确的,然而这一观点却低估了法律的强制性要素的重要性。在经济学和认知心理学中博弈论(game theory)的研究进展已经表明存在无以计数的情形,其中理性人有着一种不但违背自身利益而且也违背公共利益的十分强烈的动机。大量的法律安排显示,法律的一个主要功能在于通过迫使个人克服叛离合作行为或违背自身长期利益的初始动机来解决这类难题。[12] 通过对不服从施加制裁相威胁,法律能够为当事人提供这样一种服务:它使得当事人能够彼此协作行事,尽管他们有相反行事的合理动机,这通常情况下可以实现行动主体的最大利益。比如,可以考虑一下税收的例子。要求人们纳税能够促进重要的商品和服务的发展,这不仅是为了我们自身的利益同时也是为了公共利益,否则商品和服务的发展将难以为继。然而,每一个潜在的纳税者都有一种十分强烈的合理动机去避税;从每一个个体的角度来看,如果其他大

---

[12] 我的本意并不是说,博弈论模式对于分析此类情形提供了最佳的框架。从个体的主观偏好来看,这些模式倾向于被提出来,并且他们将这种偏好视为既定的而无须考虑行动理由和对理由的响应。

多数人都能依法纳税而他们自己却消极避税，便能获得一个最好的结果。而且，由于每一个个体对自己及他人的纳税情况了如指掌，出于担心其他人也有一种强烈的避税动机，如此一来每一个人的纳税动机都被大大地减弱了。通过施加制裁相威胁以强迫每一个人去纳税，法律可以确保我们合理的自我利益获得实现。

拉兹这一思想实验的问题在于，他对上述问题表现得极为含糊其词，原因在于结果取决于我们如何界定天使的理性。如果我们以这样的方式来界定他们的理性，亦即使得他们易受相关的那种人类理性缺陷的影响，那么结论将可能是在一个只有天使的世界中仍然需要掺入一些制裁性要素。然而，如果在界定天使的理性时将此种缺陷排除在外的话，那么我们能够从这一思想实验获益多少就不得而知了。由完全理性的天使所组成的世界可能离我们当下的现实世界太遥远了，以至于难以得出有关我们社会中法律功能的任何有意义的结论。我所竭力提出的结论在于，有关法律的制裁性要素的重要性这一事实，是介于奥斯丁与凯尔森的观点以及哈特与拉兹的观点之间的。毫无疑问后者是正确的，它认为在法律通过使用暴力强制服从与法律在社会中的主要功能之间建立一个太紧密的联系，这是不对的。但是，我们需小心谨慎以免夸大了这一错误；尽管并非都是如此，在解决此类问题方面，通过法律改变人们的动机的能力以及通过制裁威胁强迫人们就范，从而使得法律在解决此处所面临的这类问题方面的许多功能的发挥成为可能。

主权者

依照奥斯丁的观点来看,使得规范性指示与法律构成之间彼此各异的地方,首先最重要的在于指示的来源。当且仅当一个命令或指示源自政治主权者,它才算得上是法律。由于奥斯丁的法律理论是一种直截了当的还原论,他必须要为以非法律术语出现的主权提供一个界定。归根到底,奥斯丁理论的全部要义在于根据另一种更为基本和事实性的事物为法律提供一种解释。而且正是由于奥斯丁试图将法律还原为一种非规范性种类的事实,才使得他的理论成为法律实证主义的典型例证。由此,奥斯丁以社会学的术语界定了政治主权,它存在于习惯性服从的社会事实中:获得了某个特定群体的习惯性服从并且本身又不习惯性地服从其他主体的一个人或一群人,就是政治主权者。[13]

我们的头脑中马上就会出现这样一个反对意见:那个特定的服从观念难道不是规范性的吗?说一个主体服从另一个主体,这通常意味着获得服从的那个主体处于一种规范性的地位或者在这种情形下拥有命令他人的权力。

---

[13] Austin, *The Province of Jurisprudence Determined*, J. Murray, 1832.

但是,这并不是我们最担忧的问题。使用"服从"来描述某个人按照其他人的要求行事的情形,而这两方主体之间并不存在等级性或命令性关系,这本身是没有任何问题的。"服从"这一语词可以以纯粹事实性(也即非规范性)的术语来使用,而这正是奥斯丁原本所打算做的。[14]

哈特关于根据习惯性服从对主权进行描述的主要难题和奥斯丁有所不同:哈特的观点旨在说明主权就其本质而言是一个法律上的概念。[15] 主权不能成为法律的根据,部分原因在于正是法律决定了何为主权以及在任何特定社群中谁可以被看作是主权者。对于哈特的观点我将不再详细展开。然而,这背后的基本直觉是不难解释的。不妨把法律看成是一场游戏,其中只存在一种基础规则:我们做领导者要求我们去做的任何事情。如果说这场游戏存在于一个特定的主体(比方说 X,他碰巧是领导者)的命令之中,这有意义吗?当然了,一种恰当的描述是该游戏在于作为领导者的 X 要求我们做他所命令之事。这意味着在使得这场游戏中 X 的命令有意义之前,我们首先需要一些创立领导者角色的规则以及用以确定 X 如何成为领导者的规则。我认为这就是哈特在反对奥斯丁法律理

---

[14] 比如,我们完全可以说 X 习惯性地服从他的恶霸邻居,而不必暗示这位恶霸邻居有权以某种方式恐吓 X。甚至比如当我们说一个从桌子上落到地板上的物体"服从了万有引力定律"时,或许我们对"服从"(obey)一词的使用多少有点修辞的意味,但这并不是一种令人生厌的扩展。

[15] Hart, *The Concept of Law*, 1st ed., Clarendon Press, 1961, chap. 4.

论的背后的基本观点。

这种游戏的类比并不只是一个巧合。这也正是哈特本人经常使用的一个例子，因而我们有充分的理由这么做。显而易见的是，在我们玩游戏的实践中，规则拥有一个基础性的而且也是构成性的（constitutive）地位。游戏通常都有关于要求一个游戏者应该做什么的规则，或者可以做或不做什么的规则；但这仅仅是故事的一部分。除了规则的这种调整性功能之外，还有一些游戏规则决定了这是一场怎样的游戏，以及参加者在游戏中所扮演的各种角色。因此至少从这个角度来看，法律十分类似于一场游戏。在任何人发布了一项法律指示或命令之前，首先必定存在着一些创立主体角色的规则，从而使得他所作出的如此举动能够拥有法律意义。

然而，人们可能会想奥斯丁对此是否反对。毕竟，他的确提出过主权是由流行于某个特定群体中的习惯性服从所形成的。如果存在着一个习惯性地服从于 X 的特定社群，并且 X 并不处于对任何其他主体的习惯性服从中，只有在此时 X 才是主权者。因此奥斯丁的一个可能的解释是，普遍的习惯性服从决定了何为主权。这与哈特所坚持的主权是一个由规则所确立的角色（正如游戏中裁判者的角色那样）有何不同呢？哈特给出了两个相关的答案。首先，他声称奥斯丁所提供的方法并不足以解释从一个主权者到另一个主权者的法律过渡（legal transition），即使对最简单的法律过渡形式也是如此。通过与奥斯丁的定义相衔接,我们假定 X 是 S 社会中的一个主权者;但是紧接着 X 驾崩,而由 Y 作为 X 的合法继任者来接管王权,那么此时 Y 就是 S 社会的主权者。在 Y 统治的最初阶段,无疑我们不能说 Y 拥有 S 社会中成员们的习惯性服从。习惯需要时间来慢慢形成。现在,我们当然都能够理解是什么使得 Y 成为 X 的合法继任者:法律体系常常拥有一些关于过渡或连续的规则,它们决定着这些事情——诸如当 X 无法再充任主权者时,由谁来取代他的法律和政治地位。但是在奥斯丁关于主权的说明中,似乎没有关于此类过渡性规则何以可能的解释。毫无疑问,它们无法经由习惯性服从而形成,因为此时并不存在着习惯性服从,至少在一时片刻内是这样的。[16]

其次,并且这也可能触及了上述问题的核心,奥斯丁遗漏了纯粹行为的规律性与遵守规则实例之间的一个至关重要的区别。服从的习惯只是一种行为的规律性。然而,我们有规律地做的许多事情,并不必然是遵守规则的实例。我们会定时吃午饭,或者频繁地去电影院看电影等等,但是没有任何规则要求我们这样做。就吃午饭来说,人们并不需要遵守一项规则。行动理由可能存在于一些讲究礼仪的上流社会中,并且当我们遵从这些理由时,我

---

[16] Hart, *The Concept of Law*, 1st ed., Clarendon Press, 1961, chap. 4.

们只是展现出了一种合乎礼仪的行为。然而当我们遵守一项规则时，我们将规则本身视作一种要求我们如何行事的理由。规则具有一种规范性的意义；规则的存在能够在我们的实践推理中发挥作用，而规范性的意义正是在于它起到了一种支持做规则所要求之事的作用。

由此，哈特对奥斯丁所做的批评是双重的。首先，奥斯丁未能认识到主权是一种制度，而制度是由规则所建立的。其次，他也未能认识到规则并不仅仅只是行为的规律性。把这两点合在一起就旨在说明，根据一种社会学意义上的主权观念来为法律的效力提供一个还原性的解释是不可能的。让我澄清一下哈特的观点：哈特没有必要否认，提出一种纯粹社会学意义上的政治主权的定义是可能的。关键在于对主权所做的此种描述难以抓住我们追求的那种主权，亦即那种解释了作为法律渊源的主权者的角色，并且作为一个实体其指令构成了法律规范。为了获得那种相关的主权——也就是要确定其行为或决定能够创制法律的主体——人们首先需要知道一些规则，它使得主权能够成为一个具有法律意义的实体，而这类实体或制度通常被视为法律规范的渊源。换句话说，我们所需要的是一种对主权的制度性解释，而且这一解释必须要建立在决定制度之规则的基础之上。其次，如上所述，规则并不仅仅只是行为的规律性。依照 X 的指示存在着一种有规律性地行为的习惯，如果这算是一个事实的话，那么这并不足以解释是什么使得 X 成为相关意义上的政治主权者。哈特如是总结道,我们所需要的是"一种规则的观念,若离开了这一观念,我们就连最基本形态的法律也无法说明"[17]。

请注意,这里有一个关键的方面是哈特和凯尔森都会同意的。他们都赞同这样一种观点,即在我们试图解释某些行为或事件何以具有法律意义之前,一些规范性的框架应当安排就绪。对凯尔森而言,这种规范性框架是通过对基础规范的预设而提供的。正如我们稍后将看到的那样,哈特继承了奥斯丁的还原主义的方法论,并力图根据社会规则的观念提供一个必要的规范性框架。换句话说,哈特所使用的社会规则观念起到了和凯尔森归之于基础规范的同样的理论功能。但是他对于社会规则的解释,很自觉地仍然是一种还原主义的解释。哈特所反对的并不在于奥斯丁的方法论,而是用以铸就法律基础的基石。接下来的一节将对此进行详细阐释。

法律是如何由社会规则构成的?

哈特通过引入一个初级规则与次级规则之间的区分,

---

[17] Hart, *The Concept of Law*, 1st ed., Clarendon Press, 1961, chap. 4, p. 78.

开始他关于法律之性质的解释。[18] 初级规则规定了某些行为模式,诸如"做此事……"或者"不得做……",它们的目标在于指导行为。次级规则是关于规则的规则:它们将其他规则作为自身的对象,并且为规则的创制、修改或废止提供指导方式,或者为裁判有关规则的解释提供指导方式等。哈特出于两个目的而使用这一区分。首先是为了说明在每一个成熟的法律体系中,都同时存在着这两类规则。除了初级的行为规则之外,每一个法律体系都将拥有大量的次级规则,它们规定了其他规则得以创制、修改或废止的方式。(事实上,正如上一节中所讨论的那些规则一样,权力授予规则就属于此种次级类别。)因此,这也是对奥斯丁的法律命令模式的另一个致命的打击;命令只是初级行为规则。但是除了这样的初级规则之外,法律还必定包含着很多种次级规则,它们并非在于对行为提供指导,而是使得不同的机构能够创制新的规范或者修改现有的规范。

引入次级规则的第二个目的,在于说明规则是如何型构法律制度的。哈特有力地宣称,在每一个拥有法律体系的社群中都存在着一种特殊的次级规则,他将其称为承认规则(rules of recognition)——它可以将某类行为或事件判定为那一社群中能够创制法律的那种行为或事件。由于

---

[18] Hart, *The Concept of Law*, 1st ed., Clarendon Press, 1961, chap. 4, pp. 78-79.

这种承认规则的存在,哈特说,我们发现了"法律效力这个观念的起源"。[19] 承认规则是这样一种社会规则,社群依照它来判别法律得以创制、修改或废止的方式,也就是说正是这些规则决定了在一个特定的社群中何者能够被看作是有效法律规范的渊源。[20] 正如我们在前一章中已经看到的那样,法律效力之链总会有穷尽之时。在各种法律体系中我们都会到达这样一个节骨眼,我们必须以非法律的术语给出一些解释,解释是什么赋予了某些行为或事件以法律意义。一定存在着某些更为基本或基础性的东西,它奠定了合法性(legality)这一观念的根基。正如哈特所提出的,如果规则确立了合法性的观念,那么那些规则必定比它所产生的法律制度更为基础(foundational)——由此也就确立了社会规则的观念。

哈特也主张,由于各种不同的承认规则之间可能会发生冲突,法律体系通常也会有一些关于优先次序的规定,借此一些法律渊源从属于另一些法律渊源(比如说,州法要从属于联邦法;司法判决可能要从属于立法,以及诸如此类等等)。换句话说,承认规则通常会表现为一种被包摄到一个主要的或至尊的(master)承认规则之下的层级

---

[19] Hart, *The Concept of Law*, 1st ed., Clarendon Press, 1961, chap. 4, p. 93.

[20] 我在文中的表述并不是完全准确的:哈特鉴别出法律体系所应当拥有的三种主要的次级规则,它们分别是承认规则、变更规则和裁判规则。或许我在承认规则中加入了被哈特归之于变更规则的要素。然而,我接下来的论证却丝毫不依赖于这一分类问题。

性结构。法律体系拥有层级性结构,这一观点类似于凯尔森关于法律体系及其所预设的基础规范的理论。这一点我们在第一章中就讨论过了,我们先前对于在各个法律体系中是否只有一个基础规范所抱有的怀疑,在这里同样也可以适用于哈特的承认规则。假定每个法律体系中只有一个主要的承认规则,未免过于简单化了。更有可能的是,同时存在着几个不同的承认规则,而且它们之间的潜在冲突也并不必定可以迎刃而解。

再也没有其他什么观念能够比如下观念更密切贴近于哈特的法律理论了,即合法性是由社会承认规则所确定的。然而,哈特的解释的新奇之处在于这些承认规则本身是一种社会规则。承认规则的理论功能,基本上和凯尔森所归之于基础规范的功能是一样的。哈特的承认规则与凯尔森的基础规范之间的区别,仅仅在于这些规范在性质上的不同。对凯尔森而言,正如我们所看到的,基础规范是一个预设;而对哈特来说,承认规则是被某个特定社群所实际遵行的社会规则。有这么一处,哈特明确地对承认规则和基础规范进行了对比,所以此处值得我们全面地引用:

> 有些强调承认规则之法律终极性的学者,他们主张说尽管一个法律体系中其他规则的效力可以通过承认规则而被确证,但是承认规则自己的效力却无法被确证,它的效力是"被假定的"或"被假设的",或者

只是一种"假设"。然而,这种说法是十分具有误导性的。

紧接着,哈特解释了承认规则或基础规范是"被假设的"或预设的这一观点所可能产生的误解:

> 第一,当一个人十分严肃地主张某既有法律规则是有效的时候……其实他正同时使用着他所认为妥当而加以接受的承认规则来鉴别法律。第二,事实情况是这一承认规则……不单单只是被他一个人接受;他所接受的承认规则同时在该法律体系的一般运作中也被社会实际地接受和采用。如果这一预设被质疑的话,我们大可以从实际的运作中去查证:我们可以看看法院如何鉴别某规则算不算是法律,并且看看这些预设在这些鉴别的运作中,是否被普遍地接受或默许。[21]

我希望我们现在能够十分清楚地看到,哈特在明确拒绝凯尔森的反还原论的基础结构时,也大致接受了他的基础规范理论。正如我们在前一章中所看到的那样,凯尔森在巨大的压力之下不得不承认基础规范的内容取决于社会实践。哈特得出了同样的结论,对他而言基础规范的预设这一整体思想是多余的(redundant)。一旦我们认识到,并且我们理应如此,法官和其他官员在鉴别法律渊源的过程中

---

[21] Hart, *The Concept of Law*, 1st ed., Clarendon Press, 1961, p.105.

会遵循某些规则,而这些规则是无须被加以预设的。它们是被相关社群所实际地遵守并由此加以接受的社会规则。换句话说,哈特的承认规则观念,在实质上是从凯尔森的基础规范观念依照流行于某特定社群中的社会事实还原而来的。正如我们稍后将看到的那样,这些有关的社会事实是关于人们的行为、信念和态度的事实。

因此,哈特所需要的是这样一种详尽的解释,即关于这些社会规则是什么,以及何以社会规则能够同时为法律的效力观和我们归之于法律的规范性奠定基础。由于给出了被称为规则的实践理论,哈特对这些问题的回答仍然是一种完全的还原主义:哈特坚持认为当且仅当以下条件获得满足时,一个社会规则,比方说R,才存在于一个社群S中:

(1) S中的大多数成员有规律地调整自己的行为以使之符合R的内容,并且

(2) S中的大多数成员把R作为一项规则来接受,这意味着

(a) 对S中的大多数成员而言,R的存在构成了一个依照R来行动的理由,

(b) 此外,S中的成员常常运用R并且把它当作对他人服从R施加压力的根据以及批评对R服从的

偏离的根据。[22]

一如我们所见,根据哈特的观点,一项社会规则的存在是由关于行为、信念和态度的实际模式所构成的:只有存在着一种行为或举动的要素,同时又具备一种复杂的对于规则的"接受"要素,才能说我们拥有了一项社会规则。前者的意思是说,存在着一种对规则的规律性遵守或者行为的规律性与规则相一致;而后者则包括:(1)人们共享同一信念,即规则的存在为行动提供了理由,以及(2)共享一种关于积极支持规则的态度,这表现在将其作为向他人施加压力以及要求遵守的根据,或者当他人未照此行为时用作对其进行批判的根据。显然,这是一种关于社会规则的还原论解释。根据某个特定社群中的外部行为(overt behavior),辅之以为该社群中(大多数)成员所怀有的某些信念或态度,旨在为何为社会规则提供一个解释。请注意,这也是一个总括性(aggregative)的解释,因为它旨在根据有关社群中个体成员的行为、信念及态度来解释一种社会现象。如果一个特定社群中的大多数成员都以某种特定的方式行事,并且他们共享着一些针对该行为的信念或态度,那么就可以说我们拥有了"一项规则的观念",在哈特看来这恰恰是一个法律体系的基础。

哈特关于社会规则之解释中的这种刚性(strong)还原

---

[22] 哈特对社会规则之性质的解释散见于其《法律的概念》(*The Concept of Law*)一书的数个地方,大多数要点集中在该书第82—86页。

主义被许多评论者忽视了,而这部分地要归因于哈特本人所提供的一种十分隐秘的解释,即社会规则经由何种方式得以被观察和说明。在《法律的概念》一书的寥寥数页中,所产生的混乱比哈特对规则的内在面向和外在面向的区分要多得多。

"当一个社会群体有着某些行为规则时",哈特说,我们便可能对规则做不同种类的观察:

> 针对规则,人们既可以仅仅站在一个观察者的角度,而本身并不接受这些规则,也可以站在群体成员的角度,而接受这些规则或者使用这些规则作为对行为的指引。

前者是一种外在观点,而后者是一种内在观点。紧接着哈特立即澄清,外在观点也可能是形式多样的:

> 因为本身并未接受规则的观察者,可以断言某群体接受了规则,因而他可以从外在引述他们从内在观点看待规则的情形。(或者)……只要我们愿意,就能够站在另一种观察者的地位来看待规则,这种观察者甚至都不以这种方式引述该群体的内在观点。这种观察者仅仅满足于记录可观察到的行为的规律性。[23]

---

[23] Hart, *The Concept of Law*, 1st ed., Clarendon Press, 1961, p.87.

哈特识别出了三种人们可以解释社会规则的方式：内在观点，这是"接受"规则的社群成员的观点——也就是说，他们将规则看作自己行动的理由；外在观点，可以将社群成员的内在观点报道出来，而其自身却无须分享这一信念或态度；以及我们称之为的一种极端的外在观点，它仅仅根据所观察到的行为规律性来报道规则。有人可能会猜想哈特论及外在观点的极端版本的原因，是想再一次地说明奥斯丁过于简单化的还原论的缺陷。正如先前所提到的，哈特认为奥斯丁根据习惯性服从对主权的界定存在着严重的缺陷，这部分是因为他没有认识到符合一种行为的规律性与遵守一项规则的实例之间的关键性区别。似乎奥斯丁对主权的描述将自己限定在了一种极端的外在观点之内，由此仅凭这个原因还是远远不够的。哈特宣称，任何有关社会规则的合理解释，都必须要考虑人们共享着内在观点这一事实。这是社群中那些认为规则具有约束力的成员所持有的观点——也就是说，对他们而言规则为其行动提供了理由，并且同时也为向其他成员施加压力以迫使其遵从提供了根据。

如果你回想一下凯尔森关于法律规范性的讨论，你会发现这十分奇特，哈特的上述界分似乎要比凯尔森微妙得多。按照哈特的观点，人们既可以从一个忠诚的社会成员的立场来描述社会规则，也就是从一个认为相关规则具有约束力（理由给予）的成员所持有的观点来进行描述，也可以通过对他人的行为、信念和态度予以报道的形式，将社群成员所持有的此种内在观点报道出来。然而，凯尔森除了明确地将内在观点视作任何有关规范性体系之解释的关键性要素之外，他同样也意识到了这样一种可能性，即一个人可以对一个规范性体系展开论辩，好像他接受了内在观点。难道哈特刚好没有留意到这第三种可能性吗？这种可能性是关于一种假定的内在观点，或者拉兹所称的超然的规范性陈述（detached normative statements）。

可能哈特并未注意到他所提出的那种区分本可以更加被精细化，而且存在着作出超然的规范性陈述这一可能。但是我们不要忘记哈特的计划以及他提出这些基本区分的目的。而且我认为此处的主要目的并不在于对奥斯丁的批判，而实际上在于对凯尔森的批判。哈特通过这些区分想要说明的，并不单单是内在观点的重要性。我相信他的目的是要说明，内在观点何以能够根据人们的信念和态度得到解释。换句话说，这一区分的要点是关于外在观点而非内在观点。哈特所提出的这一区分介于奥斯丁和他自己的解释之间，他将前者看作是一种局限于极端外在观点的解释，而他自己所提供的则是一种基于观察者观点的解释，"因为本身并未接受规则的观察者，可以断言某群体接受了规则，因而他可以外在地引述他们从内在观点看待规则的情形"[24]。哈特的目的在于为一种关于社会规则的还原论解释打下根基，它根据人们的行为、信念和态度来解释内在观点。同样也存在着一种可能，即从似乎认为规则具有约束力之人的立场来谈论社会规则，但这一事实已经偏离了这些目的的主题。它想要说明，从外部来解释一个体系的规范性似乎是完全恰当的。当解释法律的基础性规范框架时，我们事先无须做任何假定。我们所需要的是一种社会学的解释，它解释了人们遵守某些规则这一复杂的社会事实。并且哈特宣称，这种解释是根据观察人们实际的行为模式、关于其行为的信念以及与之相随的态度而给出的。

让我对此做一下总结。哈特明确地分享了凯尔森的这一见解，即我们用以解释合法性观念的唯一方法在于通过指向那些规范，它们赋予了某些类型的行为及事件以法律意义。在相关的社群中，必定存在着一些能够识别法律得以创制和修改之方式的规范。这些规范就是承认规则。然而，哈特却并不认同凯尔森关于基础规范必须被预设的观点。承认规则（多半）是被法官及其他法律官员所实际遵守的社会规则，并且其本身可以通过观察人们的行为、信念及态度而被描述和解释。

一些评论者已经指出，哈特的观点存在着一个内在的

---

[24] Hart, *The Concept of Law*, 1st ed., Clarendon Press, 1961, p.87.

困难:如果像哈特所宣称的那样,承认规则是被法官和其他官员所遵守的规则,并且这也是我们能够将它们识别出来的方式,那么这些同样的规则如何能够确立诸如法官及官员这些人的角色?毕竟,这正是哈特本人所反复强调的,我们只有根据一些规则才能将某些个人判定为法官或其他官员,这些规则授予了他们相关的法律权力并且由此确立了他们的制度性角色。因此,我们似乎需要一些法律用以解释谁可以被算作是"一个官员",但是我们紧接着又说何者算作法律是由那些官员所遵守的规则决定的。这里是不是存在着一个"先有鸡还是先有蛋"的问题?[25] 我并不这么认为。不错,当哈特回答"承认规则是关于谁的规则"这一问题时,他的确提出了承认规则是被法官和其他官员所遵守的规则。并且他理应如此地宣称,这些官员的地位或作为官员的资格本身是由规则所决定的,这也的确是事实。但是这里并不存在着什么恶性的循环论证。比如说,请考虑一下象棋游戏。作为一种特殊的活动——当作一种实践,如果你愿意的话——象棋游戏很明显是由它的规则构成的。假如你追问:这些规则是关于谁的规则?很自然,答案在于他们是那些玩游戏的人(也就是下棋者)所要遵守的规则。但是,谁是下棋者呢?无疑一个

---

[25] See Shapiro, "On Hart's Way Out", in *Hart's Postscript: Essays on the Postscriptto The Concept of Law*, edited by J. Coleman, Oxford University Press, 2001.

下棋者的角色同样也是由游戏规则所确定的。如果你参加游戏那么你就是一个下棋者,也就是说,你通过遵守下棋的规则来参与这场游戏。或许这里存在着一种悖论的迹象(an air of paradox),但并不涉及任何真正的悖论。当我们有了一套用以确立某种特定类型的活动时——诸如下棋游戏或表演戏剧——这些规则不仅可以确立前述那种活动,同时也可以确立参加活动的人们的角色。当然了,这些规则是为前述参加活动的人们所实际遵守的规则。换句话说,那些扮演着一种特定的制度性角色的人所遵守的规则,同样也是那些确立了构成该活动部分内容的制度性角色的规则,而这种活动本身通常也是由那些规则所确立的。[26]

57 以上这些并不能说明哈特的理论是无懈可击的。多年以来,哈特的社会规则实践理论也经受了相当大的压力。某种迹象表明,对使得规则遵守观念变得合理或可行的主要因素,也就是遵守规则的理由问题,哈特并未提供一种解释。哈特的规则实践理论,看起来好像只提供了一种当一群人遵守规则时我们能够观察到的描述,也就是说,人们表现出了一种行为的规律性,同时还伴随着他们

---

[26] 或许这种困惑部分地源自如下事实,哈特似乎已经假定构成性规则是一种次级规则——也就是说,是关于针对规则的规则;而且他明确地认为承认规则属于次级规则。象棋游戏作为一个一般化的例子,说明哈特在这地方出错了。象棋游戏的规则并不是次级规则;它们是有关行为的规则,具体说明哪些招式是允许的和不允许的及其之于游戏的意义。尽管如此,象棋游戏的规则仍然是构成性的——它们确定了该游戏是一种怎样的游戏。

所共享的一些关于这种规律性的信念或态度。但是,这一描述并未告诉我们人们遵守规则的理由是什么;哈特的描述看起来好像对这一问题保持沉默,即是什么使得人们认为相关社会规范具有约束性或义务性的观点变得合理或可行。说来也奇怪,正是哈特本人给了我们一个去关注这个问题的充分理由(即使他一定考虑到他给了我们不去考虑这个问题的理由)。

请考虑这样一种情形,一个抢匪命令你把钱交出来,否则他就会向你开枪。显然,这并不是一个法律命令。但是正如哈特正确指出的那样,根据奥斯丁的法律命令理论,抢匪的命令与法律的命令之间的唯一区别在于这样一个事实,碰巧抢匪并不是政治主权者。然而这里有一个清晰的认识,哈特宣称奥斯丁的观点遗漏掉了一些至关重要的东西:当面对一个抢匪的命令时,我们可以说受害者是"被迫"交出钱财的,但是我们却不能说受害者负有一种这么做的"义务"或"责任"。然而,不像抢匪那样,法律常常意在创设义务;如果某个法律规范要求从事某种特定类型的行为,那么这一规定就意在施加一项遵守它的义务。[27] 而这恰恰正是我们所一直寻求的法律的规范性问题:也就是关于如何解释法律规范的这种义务性或约束性要素。

---

[27] Hart, *The Concept of Law*, 1st ed., Clarendon Press, 1961, p.80.

58　　此外,同样的问题或许可以更加有力地适用于承认规则的规范性面向。一些评论家们已经提出了这些问题,法官或其他法律官员何以受到承认规则的约束?是什么使得它们在某种意义上具有约束力?问题在于,虽然哈特很好地提出了这一问题,但他却并没有提供任何答案;在哈特的规则实践理论中,除了指向人们的行为这一社会事实外,再也没有什么内容被用来解释他们为何认为法律规范具有约束力。事实上,哈特认为仅凭这一点就足够了;一种关于法律之性质的哲学解释——这不同于那种规范性的道德和政治哲学解释——也不能比这点做得更多。它只能指出法律具有这种规范性要素,以及凡是存在着一种有效法律体系的地方,相关群体中的大多数成员就会认为法律规定是具有约束力的——因为这些规定为他们提供了行动理由,同时也为向其他成员施加压力以迫使其遵从提供了根据。至于这些理由是不是道德理由,以及它们是否能够胜任这项任务,并不是一般法理学所需要回答的问题。

　　我认为哈特对待这个问题的观点只是部分正确的。请再次考虑一下抢匪的情形:抢匪情境与法律之间的关键性区别可以通过引入权威的概念获得更好的解释。抢匪的兴趣只是为了获得钱财。他并没有宣称——至少在这一情境中并不存在迫使他作出如此宣称的情形——他拥有授权自己去命令他人交出钱财的地位。换句话说,抢匪并没有宣称自己是一个正当性权威(legitimate authority)或者拥有一个对你行为的正当性权威的宣称。然而,正如约瑟夫·拉兹所极力主张的那样,法律的一个本质面向在于,它总是宣称一个正当性权威。[28] 当法律(通过课税或罚款等)对你的钱财提出宣称时,是将这一宣称看作对其公认的正当性权威的一种运用。而这就是法律规定旨在创设义务的意义所在;这些规定以正当的政治权威的宣称为根据。毋庸置疑,拉兹并不认为法律的正当性权威主张被普遍地以道德或其他方式有效地证立。法律对权威的正当性的宣称是否有正当的理由——无论是在特定情形下,还是在整体情形中——是一个单独的道德和政治问题,并且答案在不同的情形中也是不一样的。但是,这对于理解法律是什么却是必不可少的,它通常作出这样一种宣称——即宣称自己是一种正当性的政治权威。我们能够从拉兹的见解中汲取到什么样的经验,以及哈特的观点需要作何修正才能容纳这些经验,这些都是我们下一章的主题了。

---

[28] Raz, "Authority, Law, and Morality", *Monist* 68 (1985): 295.

建议进一步阅读的书目

Coleman, *Hart's Postscript: Essays on the Postscript to the Concept of Law*.

Dworkin, *Taking Rights Seriously*.

Gavison, *Issues in Contemporary Legal Philosophy: The Influence of H. L. A. Hart*.

MacCormick, *H. L. A. Hart*.

第三章　权威、惯习及法律的规范性

在这一章中,我想完成一种对看似合理的法律实证主义轮廓的描绘。本章是由两部分所组成的。第一部分,我将讨论约瑟夫·拉兹的一些关于实践权威之性质的观点,以及他的观点对于法律的规范性的影响。在第二部分,我将重新回到承认规则并尝试着说明,尽管哈特关于社会规则是法律的基础这一观点基本上是正确的,我们仍然需要一种社会惯习(social conventions)理论来细致地解释这一基础观点。有了这两种观点在手——法律的权威性性质及其惯习基础——我们就获得了一些主要的基石,它们可以被用来重构一种关于哈特法律理论的可信版本。

正如在上一章中所指出的,拉兹的主要见解在于法律必然宣称自己是一种正当性权威。从这个一般的见解中我想提出三点经验。首先,法哲学应当将自己限定在对法律规范性的解释上——而不能滑向一种关于是什么使得法律正当或值得拥有的道德和政治解释——尽管哈特在这一点上是正确的,但在解释法律的规范性问题上,与仅仅指出人们倾向于认为法律是具有约束力的这一事实相比,我们仍然能做得更好。正如我们在下面的详细论述中将要看到的,拉兹关于实践权威的解释给予了法律规范性某种结构——这解释了各种理由,它们使得法律的指示具有约束力,以及这些理由与道德和其他规范性理由之间的可能联系。

我将要从法律的权威性性质中提出的第二个经验在于,法律规范基本上是权威者旨在引导他人行为而发布的指令或指示。我将论证,法律规范在这一点上与道德规范和其他社会规范之间存在着关键性的区别。这将被证明是一个有争议的命题,我将仅在下一章中给出对它的部分辩护。

最后,我们能够汲取的第三个经验在于,尽管哈特很努力地将对法律的理解与政治主权分开,但是这一努力有点过头了。约翰·奥斯丁的法律命令理论的确可能过于粗糙和简单化,但是他关于法律是政治主权者的一种工具这一基本观点,在方向上并没有错。拉兹对法律在本质上是一种权威性制度的看法把这两点结合在了一起。这不仅让我们看到了法律规范性的一些独特之处,而且在某种程度上,比之于哈特的理论,它把法律与政治权威更加紧密地联系在一起。我不会提出任何特定的理由来支持这最后一点,但是我在接下来的讨论中会提到它。

权威与规范性

无论何时,法律提出一项让你做某事的义务或要求,都向我们传递了一个双重信息:你应当这么做,以及你应当这么做是因为法律是这样规定的。当法律规定了某种特定的行为模式时,它意在制造一种实践差异(practical difference)*,亦即这样做是法律所要求的。如果你回想一下加州高速公路的电子路标关于手机使用免提的规定,这些路标规定得恰到好处:它们提醒我们应当使用免提设备,因为"这一规定就是法律"!这是道德要求以及其他社会规范不同于法律的一个十分关键的方面。当你面对一项行为的道德理由并且在此情形下将它施加给你时,或者当你被告知有一个社会规范要求你做某事时(比方说,向熟人问好或者带瓶葡萄酒去参加晚宴),如果你要问"是谁这么说的",这将是十分荒唐而又无益的。当然,没人会这样做;这不是一个相关的问题。但是在法律场合,却时常

---

* "实践差异命题"(practical difference thesis)是排他性法律实证主义者提出来用以反对包容性法律实证主义理论的一个重要工具,它的基本要义在于法律是一种必须能够通过提供理由指引人们行为的东西,在非常概括的层次上,我们可以说如果法律能够指引行为,它通常能够发挥实际的重要作用,也就是在受到法律支配的那些人实际深思熟虑的结构或内容上产生差异。这种实践上的差异,表现为相关的权衡与行为内容和结构同法律不存在时是不同的。关于实践差异命题的详细讨论,可以参见〔美〕朱尔斯·科尔曼:《原则的实践——为法律理论的实用主义方法辩护》,丁海俊译,法律出版社2006年版,第173—190页。——译者注

会这么问。法律(或一些特定法律权威)这样说总是重要的。对法律规范性之解释的主要挑战之一,恰恰是要解释行动理由与"是谁这么说的"这一问题的答案相关性之间的联系。因此,让我们从对这些类型的行动理由的一些一般性观察开始,紧接着看看拉兹的权威理论是如何解释法律规范性这一关键方面的。

存在着下述情形,人们做某事,因为某些人告诉她应当如此行为。当然,有时候人们有理由去做他人所劝告或建议的事情,仅仅是因为这一建议本身是合情合理的。当我要求我的女儿在见她的朋友之前完成她的家庭作业时,我希望她能够照着我的要求做,因为我相信无论我是否要求她这么做,她都有理由先完成家庭作业。我这样要求的目的仅仅是为了提醒她有一个独立于我的要求的理由。然而,如果我要求一个朋友帮助我搬一件沉重的家具,我希望这位朋友能够遵照我的要求,在很大程度上因为这是我的要求。而不是说,无论我是否要求朋友这么做他都有一个独立的理由帮我搬家具。让我把这后一种理由称为与身份相关的理由(reasons identity related)。这表述得多少有点不太明确,它们是这样的一些理由:A 有做 φ 的理由部分地取决于与另一个主体 B 的身份关系,后者建议、要求或命令 A 做 φ。[1]

在很多情形中,一项行动理由都是与身份相关的,它们中的一些涉及知识。假定我的经纪人(如果我有的话)建议我卖掉在通用汽车公司的股票,因为她预测这些股票的市值将会大幅下跌。我对这方面的事情一窍不通,因此我就有充分的理由按照经纪人所建议的去做。并且,这是我的经纪人而不是系主任要求我这么做的,这一事实是与知识密切相关的(比如说,当有人问我为什么要卖掉股票时,我就有十足的理由回答,我之所以这么做是因为我的经纪人建议我这样做的)。这个假定就是她正好更清楚何种理由适用于我,并且通过遵照她的这一建议,相比于自己进行权衡,我更可能遵照适用于我的理由。

然而,在其他一些情形中,按照别人的要求去做某事的理由是与知识或专长无关的。遵照一个朋友的要求行事的例子就是这样一种情况。这之间的联系无关于知识;并不是说你遵照朋友的要求行事的理由,和你的朋友更清楚什么样的理由适合于你之间存在着任何联系。事实上,正是向你求助的那位朋友构成了他要求你做某事的部分理由,因为他是你的朋友,而友谊的价值在于我们有充分的理由遵从朋友的请求。

---

[1] 在一些文献中,这些理由经常被称为内容独立的理由;我发现这一表述多少有些混乱(因为理由仅仅是部分的而非完全的内容独立),因此请允许我介绍一下与身份相关的理由的概念。

法律本质上意在为行动产生一些与身份相关的理由。当法律规定了一种特定的行为模式时,它旨在引起一种实践差异,亦即这样做是法律所要求的。因此,如何解释那种法律意在产生的与身份相关的理由的基础,也就成了关于法律规范性的主要问题之一。我认为约瑟夫·拉兹已经提出了最可信的答案:法律本质上是一种权威性制度,并且在本质上,遵从权威性指令的理由是一种身份相关的理由。

任何关于权威本质的解释所面临的主要挑战,在于理解一个人负有做某事的义务是因为别人命令他这么做。我非常审慎地使用义务(obligation)一词。很多情况下,与身份相关的行动理由在无关权威的背景中仍然完全说得通。遵照一个朋友的请求或者按照专家的建议行事,就是我们已经提到过的一些例子。使得权威性的指示独具特色的地方并不在于它们能够产生与身份相关的理由,尽管它们必然也会这么做,而在于这些理由本质上是一种义务性的这一事实。如果 A 在 C 情形下拥有对 B 的正当性权威,那么 A 要求 B 在 C 情形下做 φ 的权威性指令,就通常意味着 B 负有一项做 φ 的义务。[2]

拉兹的主要见解是,对遵守一项权威性指令的义务的证立方式,在于通过说明在某些情形下,同一个人尝试自

---

[2] 初确义务(Pro tanto obligation),而非绝对的且经过通盘考虑的义务。

己直接权衡(或遵守)义务相比,如果他遵守了权威者的指令,那么他就更易于系统性地遵守那些适用于其自身的义务[3]。换句话说,当权威提供这样一种服务时才是正当的,亦即在其所作用的相关领域中,权威的服从者如果遵守了权威的指示而不是自行其是的话,那么服从者就会更有可能如他或她所应当做的那样去行动。拉兹将这一理论称为通常证立命题(normal justification thesis)*:

> 确定一个人拥有对另一个人的权威的通常方式,应该包括这样的内容:能够表明如果某人接受既定权威的指令作为具有权威约束力的规范并试图遵守它们,而不是直接遵守适用于其自身的理由,被宣称的对象可能更好地遵守那些适用于其自身的理由……[4]

---

[3] 拉兹在他的表述中使用了"理由"而不是"义务"一词,并且他可能并不会同意我在此处所提出的修改。

* 在拉兹看来,正当性权威的证成包含着"依赖性命题"(the dependence thesis)、"标准的正当化问题"(the normal justification thesis)以及"优先性命题"(the preemptive thesis)。目前学界对于"the normal justification thesis"的翻译十分混乱,常见的译法有"通常证立命题""一般正当化命题""规范正当性命题""通常正当化命题"等。根据拉兹的权威理论,"the normal justification thesis"是用来确定权威合法性的论据类型相关的道德论证,它的基本意思是说证立权威的通常方式是,行动者直接遵循权威性指令比其自行权衡要更好。换句话说,一个权威之所以被证明是合法的,是因为服从者如果依据该权威指令行动,将会比按照对行为理由的自行判断所采取的相关行动,能够更好地符合那些实质理由的要求。其实上述翻译的争议也就涉及对"normal"的理解,相比之下译者认为"通常证立命题"的译法应当更准确一些。——译者注

[4] Raz, *The Morality of Freedom*, Clarendon Press, 1986, p.53.

应当承认的是,拉兹阐述中的许多细节是有争议的。尤其是拉兹的详尽阐释使得如下事实多少有点不太清晰,亦即他的解释何以能够让我们区分这样两种情形:在前一种情形中,正如遵照一个专家的建议那样,行动理由是一种与身份相关的理由;而在后一种情形下,行动理由是一种真正的权威关系,其中权威者的指示不仅确立了与身份相关的理由,同时也确立了一项行动者应当予以遵守的义务。此外,如果我们不能解释一个权威性指令何以能够产生服从的义务,我们同样也就缺乏一种关于这个问题的解释,即是何者授予了一个宣称的权威以发布此类指令的权力——我们将缺乏一种关于什么赋予一个人统治权的解释。[5]

我个人的看法是,如果将通常证立命题定位于促进施加给权威所宣称的主体的义务,那么拉兹的理论将会更加有意义;存在着一种遵守正当性权威之指令的义务,获得这一结论的唯一方式在于,假定实践权威的作用可以使它的对象通过遵守权威者的指令,而不是自己直接权衡适用于其自身的义务,以使他们可以更好地遵守那些适用于其

---

[5] 这两种反对意见均已被斯蒂芬·达沃尔有力地提出来了。See Stephen Darwall, "Authority and Second-Personal Reasons for Acting", in *Reasons for Action*, edited by D. Sobel and S. Wall, Cambridge University Press, 2009. 在一篇新近(尚未发表)的文章《权威的作用》(The Role of Authority)中,斯科特·赫什维茨进一步发展了这些重要的主题。我本人就其中的一些棘手问题所做的尝试,请见拙文《权威的困境》(The Dilemma of Authority)(草稿发表于社会科学研究网,www.ssrn.com)。

自身的义务。毋庸置疑,这一观点依赖于如下两种理由之间的一种十分粗略的划分的有效性,它们分别是行动的理由和构成义务或责任这样的理由的一个特殊子集。我并不认为,我们拥有一种关于这个划分的十分令人满意的解释;但是我们应当有这样一种解释,因为这是非常直观的。这个想法是,存在着无以计数的我们有理由去做的事情,但是我们只对其中部分之事负有义务。然而请注意,如果你对这一划分的有效性持有怀疑,那么你也就根本不必担忧拉兹的解释了。假若那样的话,你将不得不承认,一个权威性指令是否确立了一项义务或者只是一个应当服从的理由,已经是无关紧要的了。

无可否认地,即使我们将权威的正当性条件限制在这样的情形中,即遵守权威性指令可以使我们更好地遵守那些适用于我们自身的义务,我们仍然缺乏一种关于是什么授予了宣称的权威以发布此类指令的权力的解释,也就是说,我们仍然缺乏一种关于统治权力之观念的一般性框架。[6] 我并不认为这是拉兹理论的一个缺点;相反,认为任何人都无权进行统治,即便一个正当性的权威亦是如此,这对我来说似乎更加可信。要求他人该做什么可能在

---

[6] 达沃尔给出了一个很好的例子:即使 A 根据专家的意见在道德上负有义务将家庭积蓄用于投资,但由此并不能得出专家拥有指导 A 进行投资的权威。See Stephen Darwall, "Authority and Second-Personal Reasons for Acting", in *Reasons for Action*, edited by D. Sobel and S. Wall, Cambridge University Press, 2009.

很多情形中获得证成,但是我怀疑任何人都无法取得这样一种权利[7](特定的主体或机构有权处于某种权威性的地位是有可能的,但这是一个完全不同的问题,并且通常要基于程序性理由获得证明)。无论如何,这些详细的说明尽管可能非常重要,但与我们此处的目的并无多大关系,也就是说如果我们承认,实践权威的服务观念(通常证立命题的基本观点)至少构成了实践权威之正当性的一个必要但不充分条件,那么在法律语境中,我们就需要解释法律所旨在提出的各种规范性要求的理论基础——你应当做 X,并且之所以如此,部分原因在于法律是这么规定的。

第一部分——你应当做 X——可以通过权威的功能这一观念来加以解释,它意在促使我们遵照那些无论以何种方式应用于我们的理由行事,也就是说不管它们是不是权威。与身份相关的第二部分——你之所以应当做 X,是因为法律是这么规定的——是通过实践权威的服务观念或合理性来解释的。该假定就在于权威在某种程度上处于这样一种地位,如果你直接遵守权威性指令而不是自己进行权衡的话,那么你便可以更好地做你应做之事。即使这两个条件并不足以解释任何实践权威理论所必须要说的

---

[7] 对此更为详尽的论证,See Arneson, "Democracy Is Not Intrinsically Just", in *Justice and Democracy*, edited by K. Dowding and R. E. Goodin, Cambridge University Press, 2004, 40。

一系列问题,但至少为是什么使得对法律指令的遵守不仅合理而又义不容辞提供了一种核心观念。[8]

如果这种一般观念是正确的话,那么随之而来便会给法律的性质及其规范性本质带来一些重要的影响。首先,法律的权威性性质在很大程度上支持了如下观点,即法律规范基本上是一些人为了指导他人的行为而发布的指示。这是一个十分富有争议的观点。反对意见认为,即使法律规范并不源自任何特定的权威,仍然能够是合法有效的。对此又主要存在两种版本的论点。第一种论点是在哈特对奥斯丁进行批判的背景下提出来的,它关系到法律对权威的普遍限制。第二种论点涉及这样一个一般性的主张,有时候我们可以通过推理或道德论证的方式来推演出法律的内容。后面的这个反对意见是十分复杂的,因此我将留待下一章详加讨论。眼下,让我先来回应一下第一种反对意见。

哈特指出,奥斯丁法律命令论的一个困难牵涉到对立

---

[8] 此处请让我试着澄清一个术语的要点:"应当"(ought)一词有时被与"义务"(obligation)或"责任"(duty)交互使用。然而,"应当"通常有着一更宽松的用法。比如说,我们经常使用"应当"一词来指示一种通盘考虑的理由,就像在如下的例子中一样,"我应当完成这篇文章"。然而,"义务"或"责任"这两个语词则代表着一个更加结构化和狭义的概念。说"我有义务完成这篇文章",将意味着我拥有理由去这么做,并且这被以某种方式加以结构化了;它既是我完成这篇文章的一项理由,同时也是将某些有悖于该理由之考虑排除出去的理由,等等。在此我无法对义务的性质给出全面的说明。比如,See Raz, *Practical Reason and Norms*, Princeton, Princeton University Press, 1990.

法权力的法律限制。如果法律仅仅只是主权者的命令,而在很多管辖区域内主权者要受到法律的约束,我们又如何来解释这一事实呢?存在着一些宪法或其他法律上的限制,使得主权者的权威仅能制定某些类型的法律或者仅能以某种特定方式制定法律。如果存在着对立法权力的法律限制,我们何以能够断言所有的法律都源自此类权威呢?

这一论点潜在的意思似乎是说,从前提条件上看,一个权威无法进行自我约束。然而令我怀疑的是,这种自我约束的权威观是荒谬的。首先,像普通人一样,权威者也能够作出一些对其自身产生约束力的决定。[9](正如哈特本人所提到的)作出一项承诺就是一个典型的例子。作出承诺的那个主体由此也承担着一项义务——这约束着她并限制着她未来的行动理由。[10]

但是有人可能仍然在想,拉兹有关权威的服务观念是否与一种自我约束的权威性决定的观点相一致。请记住,

---

[9] 这一观念在有关预先承诺的文献中是为人们所熟知的。See Elster, *Ulysses Unbound*, Cambridge University Press, 2000.

[10] 尽管哈特提到了承诺的例子,我怀疑他却未能看到这其中的核心要点,因为他必定支持所谓承诺的实践理论,在其中承诺只有根据流行于社会中有关承诺的惯习实践才能发挥作用。我认为哈特作了如下假定,即在任何有关承诺的言语行为获得其意义之前,背后必定存在着一些关于承诺的规则。但是,承诺的实践观念还远远不甚明了,并且十分信服地被一些哲学家所拒绝(比如,斯坎伦的著作 *What We Owe to Each Other*, Belknap Press of Harvard University Press, 1998, chap.7)。对此我已经在别处作了一些解释,See Anderei Marmor, *Social Conventions: From Language to Law*, Princeton, Princeton University Press, 2009, chap. 5。

权威的服务观念的全部要义在于可以促进人们更好地遵守行动理由。这一假定就是,被权威所宣称的对象如果遵守了权威性指令,那么相对于她自己直接权衡或遵守适用于其自身的理由而言,她可以更好地遵守那些适用于其自身的理由。这个原理如何能够适用于权威本身呢?换句话说,权威产生一些与身份相关的理由;但是似乎这些与身份相关的理由,却无法适用于其身份与理由之产生相关的同一主体。

实际上,我认为这一反对意见仅仅在与身份相关的理由依赖于专长的那些情形中才站得住脚。比方说,我的经纪人(设想的)相对于我而言是一位专家,并且因此我有理由要认真地对待她的建议;但是当然了相对于其自身而言她并不是一个专家。从这个意义看,说一个人相对于她自己而言是一个权威,事实上这是没有意义的。举个简单的例子:比方说在情形 C 中,假定存在着一个反复出现的协调难题待以解决(也就是,假定我们应当要解决它)。进一步假定,没有任何解决方案会自动产生,除非某人作出了一项决定并将其传达给他人。现在,你作为一方当事人恰好处在这样一种位置,即能够作出决定并将其传达给他人:"在情形 C 中我们应当做 X";然后,如果每个人都遵守了该决定,那么协调难题便也得到了解决。这可能是自我约束的权威的一个例子。你作出了一个权威性的决定,而这个决定又以完全相同的方式对你产生约束力,并且出于同样的理由,它对其他人也具有约束力。一个权威可以发布约束其自身的指令,这一观念本身并没有什么荒谬之处。在一定条件下,权威是可以自我约束的。

我并不是在说,这就是对立法权力最为普遍的法律限制的主要理由。对立法权力通常的限制来自宪法。现今在大多数法律体系中,一部成文宪法界定了各个机构的立法权力,并且为裁决关于此类问题所可能产生的争议案件建立了某些机制。在宪法的本质中并没有什么东西能够对拉兹的命题构成挑战。宪法是一种权威性指令,它不仅确定各个机构的法律权力,而且常常对那些权力的行使施加各种各样的法律限制。一个权威可以约束或限制另一个权威,这一观点是不存在什么问题的。

让我总结一下:立法权力经常受到限制,这一事实本身并不足以对如下命题构成威胁,即法律在本质上是由权威性指令或指示所组成的。如果存在着一个对该命题的严重挑战,那么它来自一个不同的方向;该挑战是由那些人所提出来的,他们主张通过推理法律应该是什么,规范才能够被确认为是合法有效的。在下一章中,我将对这种挑战详加检讨。

在继续讨论之前,此处我先来处理一下那种对我们的潜在假定所怀有的恼人不休的质疑:如果法律至多不过是一群有组织的抢匪,又将会怎样呢?奥斯丁是正确的,并且法律与抢匪之间的区别仅仅在于范围问题。这难道不可能吗？一个抢匪无法成为法律；但是一整群这样的人聚在一起就很可能成为法律，他们以一些组织有序的方式统一行动并且维持着对某个特定人群的控制。为什么不能是这样呢？如果是这样的话，正如无须宣称自己是一个正当性权威的抢匪那样，法律或许是不是也不需要做这种宣称？人们可以争辩说，拉兹关于法律宣称自己是一个正当性权威的见解并不必然是有效的。[11] 在大多数文明社会中这或许是正确的，并不仅仅因为它是法律，而是因为在文明社会中统治被普遍认为应当具有道德正当性。因此，问题或许就在于，为什么对某个特定人群的抢匪式的控制就不是法律呢？

请注意，这里事实上存在着两个不同的问题。第一个是个老问题，一个貌似并无正当性宣称的纯粹恐怖政权能否算作是法律。我并不打算对这个问题给出一个答案，这主要是因为我相信对此提供一个答案在理论上并不是那么的重要。一些社会控制的形式可能是法律的边缘情形

---

〔11〕然而，那个过去的例子（意指前文中奥斯丁所举的持枪抢匪的例子——译者注）并不能解决这一难题。即使那些历史上为我们所知悉的最为残酷无情的恐怖政权，也并不必然削弱拉兹关于法律宣称自己是一种正当性权威的论点。那些骇人听闻的政权及其代理人倾向于宣称自己的正当性，尽管就其本身而言如此宣称是难以令人置信的和肆无忌惮的。此外，值得我们牢记的是，在任何有效运行的法律体系中（尽管其在道德上可能是邪恶的），无论该政体从总体来说是多么的邪恶，法律都实现了一些可能十分有价值的功能。如果它连这都做不到的话，那么人们可能就会怀疑在这个社会中是否还有法律存在。它可能处于一种法律的边缘情形，或者处于根本没有法律的状态中。

(borderline cases)。某些政权可能会拥有一些使其自身成为法律的特征,而另一些则并不如此。边缘情形则恰恰是上述后一种情况。第二个也是更为重要的问题在于,法律的性质本身是否存在着某些东西,它要求法律宣称自己是一个正当性权威。此处我认为拉兹所给出的肯定性回答是正确的。就我对这一回答的理解而言,它是由两个要点所组成的。第一个要点是,每当法律对其所宣称的对象的行为提出一个特定的要求时,它意在将该要求设定为一项应予遵守的义务或责任;这就是法律亘古不变的表达形式。第二个要点在于,唯有通过将这种义务解释为权威性指令的一个实例,我们谈论该义务才有意义。这里的基本见解和哈特所提出的观点是一样的:如果我告诉你说你应当做 φ,我已经诉诸了那些应适用于你的理由;如果我告诉你说你应该做 φ,这仅仅是因为不然的话我会伤害你,那么这表明我已经放弃了对应适用于你的理由的宣称——除了那些避免我可能对你施以伤害的理由。因此,每当法律根据其所宣称的对象应当做什么来表达一项要求时,正如法律所亘古不变地这么表达的那样,它诉诸了理由,尽管这是一种与身份相关的理由。并且在法律的背景下,使得此类与身份相关的理由有意义的最佳方式,莫过于将其解释为一种具有权威性的指令。(请记住,法律对其权威之正当性的根本宣称,无论在整体情形中还是在特定情形下,通常并不是真实的或合理的。)

因此,我们现在可以转向从拉兹关于法律的权威性性质那里学到的第二个经验了,而且这关系到法律的规范性品质。拉兹关于法律的权威性性质的命题,为我们提供了认为法律具有约束力的各种理由的基本结构。它解释了这样一种观念,其中一项法律义务之所以能够成为做某事的义务,是因为法律是这么规定的。然而,拉兹的这一解释的意义远不止于此:它解决了哈特与凯尔森关于法律义务与道德义务之争的一个重要面向。根据凯尔森的理论,正如第一章中所指出的,"道德应当"与"法律应当"之间的区别并不在于"应当"的相关性质,而仅仅是立场的不同。正如我们在前一章中所看到的那样,哈特对法律规范性的解释完全是一种还原主义的。它意在以规则的实践理论所详细给出的社会学术语,来解释法律的规范性。这种还原论促使哈特得出了如下结论,法律义务以及法律的其他规范性面向在不诉诸道德或行动的道德理由的条件下仍可获得解释。在任何特定的情形下是否存在着服从一项法律义务的道德理由,这对哈特来说纯粹是一个道德问题,它与法律的"应然"性质并无任何关联。当我们谈论一项法律义务时,我们基本上是在描述一个复杂的社会事实。而当我们谈论一项道德义务时,我们是在表达一种对事物应当怎样的判断。由此,哈特会粗略地指出,在道德背景下区分(任何特定群体中的)人们相信应该做什么与人们应该做什么是十分有意义的。而在法律背景下,如果有关的人群相信存在着一项做 φ 的法律义务,那么根据这一事实本身,就存在着一项人们应该如此行事的法律义务。[12]

你可能会怀疑,这不过是对还原之可能性问题的另一种表达方式而已:哈特坚持认为法律的规范性语言可以被还原为(关于人们的信念和态度的)社会事实,而凯尔森则似乎拒绝这种还原的可能性。在一定程度上这是正确的。然而,我认为拉兹关于法律的权威性本质的命题,说明了哈特与凯尔森二者都遗漏了一些重要的内容。哈特认为法律上的"应当"可以被还原为关于人们信念与态度的事实,即使在这一点上他是对的,为了使得将一个"应当"归因于法律指令的内容有意义,我们仍需为人们必须相信的是什么提供一种解释。

重点在于,实践权威的观念提出了一些关于此类信念之合理性的结构。拉兹的理论无法解决还原论的问题,至少无法直接地解决这一问题。它要说明的是我们据以理解一项法律"应当"的方式,或者法律被认为具有约束力的方式——规范地讲——就是把法律的作用理解为一种权威性的解决方案(authoritative resolution)。一种权威之正当性的一般条件,提供了连接一个"法律应当"与一个"道

---

[12] 这多少是有些粗糙的,因为即使在法律的背景下,包括法官在内的任何人在对待法律的问题上都可能会犯错误,我们必须要为这种可能性留点空间。我将在下一章中讨论这个问题。

德应当"的框架。如果法律对正当性权威的宣称能够获得道德上的证明，那么这一法律在道德上就是有约束力的。[13] 与此同时，拉兹的理论同样也证实了凯尔森的错误。法律上的应当并不像凯尔森所坚持的那样，仅仅类似于一个不同立场下的道德上的应当。一方面，在道德的结构中事实上并不存在着什么东西，能够将一个"应当"与权威或者与身份相关的理由连接起来。另一方面，法律应当在本质上是与身份相关的，因为它是一种权威性的指令。此外，或许你可以回想起来，我已经对凯尔森关于法律规范性的解释提出了责难，它使得对任何特定的基础规范的选择完全是任意的，而缺乏一种对人们认可基础规范所可能拥有的各种理由的解释。但是，现在我们可以看到存在着这样一些理由：承认相关法律权威的正当性的理由。在某种程度上，如果一个法律权威满足了正当性的条件，人们便有理由认为法律的指示或指令在道德上也具有约束力（当然这只是某种程度的，并且未必是通盘考虑的）。

它将关于还原之可能性的问题置于何处呢？我认为拉兹关于法律的权威性性质的理论并未伤及哈特的还原主义框架。法律的规定，无论是义务还是其他规范性指令，都是权威性的解决方案。当然，一项指令是否实际上

---

[13] 我并不是说当且仅当。即使法律未能满足正当性权威的条件，仍然可能存在着各种各样要求人们遵守法律的理由。换句话说，即使在法律对正当性的宣称挫败之时，一项服从法律的义务仍然可能是存在的。这一点在关于政治义务的文献中获得了广泛的认可。

已被一个权威发布,这是一个事实问题——也就是说,是一个非规范性事实(non-normative fact)。因此,只要我们能够说明:(1)法律通常是由权威性指令所构成的,以及(2)何者能够被算作是法律权威以及此类权威如何被运用的问题,取决于社会事实,我们就已经为将合法性还原为非规范性种类的事实奠定了基础。在下一章中,将会讨论支持论点(1)的更深层次的理由。这里,我想讨论一下支持论点(2)的一些理由。

法律的惯习性基础

让我们假定法律规范是由权威性指示或指令所构成的。因此,我们所需要的就是解释在任何特定社会中何者能够被算作是一个法律权威。哈特的承认规则观似乎提供了一个十分可信的答案:在每一个拥有有效的法律体系的社会中,存在着某些被有关群体所遵守的社会规则,它们决定了何者可以被算作法律权威以及它们是如何被建立起来的。

然而,一种对这些社会承认规则之性质的令人满意的解释,以及借以确立合法性之观念的方式,结果被证明是让人十分难以捉摸的。一些评论者已经注意到了这一点,在哈特的承认规则的实践理论中事实上并不存在什么东西,能够解释人们(主要是指法官以及其他官员)为什么一定要遵守那些规则。是什么使得法官有义务遵守承认规则呢？通过指出这一事实，即法官们自己受到了那些规则的约束，并不能很好地回答上述问题。是什么使得人们可以合理地如此行为呢？

在《法律的概念》出版之后的几年里，哲学家大卫·刘易斯提出了一种对社会惯习的十分精致的解释。[14] 刘易斯最感兴趣的在于语言的性质，但是他却提出了一种精致的关于惯习性规则(conventional norms)的一般理论。其基本观点在于，惯习是对反复出现的大规模协调难题的规范性解决方案。当一些行动主体对他们相互间的行为模式有了一个特定结构的偏好时，协调难题就出现了——也就是在某些特定情况下，人们可以在一些替代性行为模式之间进行选择，相比于随心所欲地依照任一特定的替代性行为模式行事，每个行动主体都有一种尽可能按照和其他主体步调一致的方式行事的强烈偏好。在我们的生活中，大多数协调难题能够很容易地通过主体之间的简单协定来获得解决，他们依照这一或多或少是任意地选择的替代性行为模式，由此确保他们彼此之间能够协调一致地行动。然而，当一个特定的协调难题在某些特定情况下反复发生时——并且，一致的协定很难达成（主要是因为这牵涉到了大量的行动主体）——一个社会规则就很可能会产生，

---

[14] See Lewis, *Convention: A Philosophical Study*, Basil Blackwell, 1968.

而该规则就是一个惯习。惯习是作为对反复出现的大规模协调难题的解决方案而出现的——它并不是作为一种协定的产物,而恰恰是在那些协定很难或根本不可能达成的情形下,作为这一协定的替代物而存在的。

当这种关于惯习的新颖解释广为人知时,一些法哲学家意识到了这同样可以为承认规则的性质提供一种解释。如果承认规则是社会惯习的话,那么在刘易斯的理论中我们就能够为这两个问题找到答案,即此类规则是如何产生的(像其他任何惯习一样)以及遵守它们的合理基础(为了解决大规模反复出现的协调难题)。由此,对承认规则的一种惯习主义解释就产生了,而且数年之后哈特本人在《法律的概念》的后记中似乎也赞同这一点。正如他所说,承认规则"事实上是一种司法上的惯习规则,只有在被法院加以接受并用以鉴别和适用法律的实践中时,它才能够存在"。此外,他又补充道:"的确,在本书中我是将承认规则,视为建立在司法共识基础之上的惯习形式。"[15]

然而,当代的许多法哲学家认为,关于承认规则之性质的这种惯习主义思考,是在朝着一个更糟的方向发展。举个例子来说,罗纳德·德沃金认为根本就不存在什么承认规则。对哈特的法实证主义的法律观念(conception of law)给予了更多同情的那些人,则认为一种对承认规则的

---

[15] Hart, "Postscript", in *The Concept of Law*, 2nd edition, Oxford University Press, 1994, pp. 256-266. 后文提及的均是这篇后记。

惯习主义理解充满了困难，而且这一观点也滋生了比它想解决的更多的问题。与此相反，在这里我将坚持认为，只要做一些重要的修正，对承认规则的惯习主义解释仍然是行得通的。

在正式对所需修正进行解释之前，请允许我先简单地说几句，以此回应德沃金对哈特的解释所提出的一个更为根本的反对意见。德沃金否认了这样一种观点，即认为法官和其他官员用以确定何者算作法律的那一判准是由规则所决定的，由此他认为根本不存在任何承认规则。但是就我看来，德沃金的主张建立在一个单一的观察的基础上，而这是令人难以置信的。他认为法官们在鉴别法律时是不可能这般地遵守规则的，因为他们经常会对法律体系中的合法性判准发生分歧，以至于主张存在着一些承认规则是完全没有意义的，否则的话规则变得如此的抽象以至于再坚持认为它们是规则已经毫无意义了。[16]

问题就在于：想要说明不存在承认规则，德沃金就必须要说明，法官对合法性判准所产生的分歧并不仅仅处于司法裁判的边缘地带，而是一直贯穿整个核心区域。但

---

[16] Dworkin, *Law's Empire*, Belknap Press of Harvard University Press, 1986, chap.1. 同样的观点也重新出现在德沃金的新作中，参见他的 *Justice in Robes*, Belknap Press of Harvard University Press, 2006, pp.164, 190-196。这不应当混同于德沃金所提出的另一不同且更加有趣的主张：即使存在着承认规则，它们仍然无法解决法律效力的问题。德沃金坚持认为，规则的效力即使并不是来自于承认规则，它们也能够是合法有效的。这一观点将在下一章中进行讨论。

是,这实在有些让人难以置信。比如说,在美国我们能找到这样一个严重质疑国会立法行为的司法者吗？或者说,美国宪法凌驾于其他一切立法形式之上？正如之前数次所提到的那样[17],更为重要的是,将关于合法性判准的多大分歧归之于法官才有意义,对这一问题存在着一种内在的限制,原因在于法官作为制度参与者的地位同样是由那些他们声称产生分歧的规则所确立的。某些人作为法官的地位和权力是由承认规则所确立的。在法官们对任何法律问题产生分歧之前,他们首先必须能够将自己看作是一个制度性的参与者,可以说是在一个复杂的实践中扮演着一种相当组织化的角色。只有根据那些确立法官之角色与权力的规则和惯习,法官们才能以这种身份来看待自己。简言之,仅仅指出法官们常常对承认规则的内容发生争议这一事实,并不能够证明这样的规则不存在。相反,存在着承认规则,尤其是建立司法体系以及法官之法律权威的承认规则,只有基于这一假定,我们谈论上述分歧才是有意义的。

因此让我们做这样一个似乎可信的假定,存在着一些主要是被法官和其他法律官员遵守的规则,它们决定了在相关法律体系中何者可以算作是一项法律权威。这些规则是惯习吗？如果我们认为社会惯习的唯一基础,正如刘

---

[17] Hart, *The Concept of Law*, 1st ed., Clarendon Press, 1961, p.133.

易斯所提出的那样,在于它们是对大规模协调难题的规范性解决方案,那么答案很可能是否定的。但是,请允许我提出一种关于惯习的更为一般化的特征,它不会将惯习的功能或基础与协调难题的解决联系在一起。

有两个主要特征,在直觉上是和惯习性规则相联系的。首先,在某种特定意义上说,惯习性规则是任意的。粗略地讲,如果某个规则是惯习的话,那么我们应当能够指出我们为实现基本上相同的目的而可能遵循的另一项规则。其次,如果惯习性规则在相关社群中未获得实际的遵守的话,则通常将会失去其意义。遵守一项惯习性规则的理由取决于这样一个事实,即(在相关社群中)其他人也会遵守该规则。举一个我们熟悉的例子,考虑一下那个接电话时说"喂"的几乎普遍存在的惯习。上述两个特征在这一例子中得到了清晰的体现。该惯习的目的或意义大概是去作出一种可辨识的(recognizable)表达,向打电话的人表明他已接电话。但是,使用"喂"这一特定的表达当然是十分任意的;任何其他类似的表达也会实现同样的目的——只要我们所使用的表达也是其他人所使用的。如果惯习的意义是为了使用一个能够轻易而又快速地被辨识的表达,那么人们就有理由去遵守这一规范——也就是使用该社群中其他人也遵循的那种表达。如果因为某个原因大多数人不再使用这一表达(似乎是像现在这种情况),那么人们也就没有理由再去使用它。

惯习性规则的两个直觉特征,都可以被如下界定所涵盖到:

> 当且仅当所有以下条件都获得满足时,一项规则 R 才是惯习性的:
>
> (1) 有这样一群人,即一个群体 P,通常在情形 C 下会遵循 R。
>
> (2) P 的成员有 A 这样一个或一组理由在情形 C 下遵循 R。
>
> (3) 至少存在另一个潜在的规则 S,并且如果 P 的成员在情形 C 下所实际遵守的是 S 的话。那么对 P 的成员来说,A 将足以成为其在情形 C 下遵循 S 而非 R 的一个充分理由,而且至少部分地是因为被普遍遵循的规则是 S 而非 R。
>
> 规则 R 和 S 正是如此,以致在情形 C 下同时遵守这二者是不可能的(或是没有意义的)。[18]

正如我们刚刚所看到的那样,德沃金对承认规则的反对意见否认了前提(1)的真实性。但是我们同样也能看到,这一反对意见失败了,因此让我们假定(1)是真实的。鉴于(1)是真实的,那么前提(2)就极不可能是假的。如果法官和其他官员遵循了某些能够确定何为法律的规则,那么

---

[18] 我在别处提出过这一界定并且对它做了较为详尽的阐述,请参见拙著 *Social Conventions: From Language to Law*, Princeton University Press, 2009, chap. 1。

他们当然是出于某些理由而遵循它们。然而,一般来说,这些理由是什么结果被证明是一个有点难以回答的问题。在哈特对承认规则的最初解释中,他提出承认规则的基础在于对确定性(certainty)的需求。哈特认为,在一个成熟的法律体系中,人们需要能够鉴别出何种规范在法律上是具有约束力的。事实上,他将承认规则能够为法律的效力渊源提供确定性的这一优点,作为一个对"原始的"前法律规范体系与发达的法律秩序之间的主要区分要素。[19] 再到后来,在《法律的概念》的后记中,哈特似乎为我们拥有承认规则补充了另一种理由,而这一理由基本上是协调性质的:

> 的确,在本书中我是将承认规则,视为建立在司法习惯之上的一种惯习形式。这一点至少在英国及美国的法律实务中确实如此。英国法官之所以会把国会立法(或者美国法官之看待宪法)视为优于其他法律渊源者,其所持理由之一,的确包含他的司法同僚以及其前辈们都是如此行事的这一事实。[20]

我对上述解释存在着一些质疑。在我们的社会中,承认规则有助于增进我们对于何为法律之认识的确定性,这当然没有错。但是,这是此类规则所存在的主要理由吗?

---

[19] Hart, *The Concept of Law*, 1st ed., Clarendon Press, 1961, chap. 5.
[20] "Postscript", p. 267.

对此我表示怀疑。这好比是在说,存在着一些关于决定戏剧表演的规则或惯习,以便使我们能够将这种艺术形式与其他类似的艺术创作区分开来。的确,如果存在着一些能够决定何为戏剧的惯习,这是因为首先这种艺术形式的存在是有一些艺术上的理由作为支撑的。同样我要指出,如果我们有理由拥有承认规则,那么这些理由一定是同我们拥有法律的理由以及法律在社会中的主要功能紧密联系在一起的。关于何为法律的确定性,并不能成为我们拥有法律的主要理由。首先一定有那么一些关于我们拥有法律的理由,其次它的存在具有一定程度的确定性,这也是很重要的。但这话不能反过来讲。我的意思并不是说,在一个社会中承认规则的存在理由和我们拥有法律的理由是相同的。我的主张是,承认规则的存在理由是和我们拥有法律的理由密切地联系在一起的,在某种程度上(有待详细讨论),它们将那些理由给实例化了。

承认规则的协调理据更加地让人怀疑,其原因在哈特的著作中已经说得很清楚了。的确,法官以及其他法律官员在其职权范围内行动时,在各个方面都需要大量的协调。尤其是,他们需要大体上遵循其法律体系中的其他官员在鉴别有关法律渊源时所遵循的那些规则。承认规则使得在法律官员的各种行动之间所做的这种协调成为可能,这是不容置疑的。但是,把这说成是承认规则的主要理据,则几乎是没有什么意义的。正如上文所提及的,如果要说法官面对着一些协调难题亟待解决的话,我们首先必须能够将他们判定为法官;我们首先需要有一套用以确定其特定的制度性角色的规则。总之,从更普遍的意义上来看,我们首先需要法律制度;其次我们也可能会有一些协调难题,它们需要一种规范性解决方案。承认规则的基本作用,在于确立相关的制度。一个法律体系中基础性的承认规则是一种构成性规则(constitutive rules)(或者说是惯习,正如我们将要看到的那样),并且它们的协调功能充其量是第二位的。

在一些关于承认规则之惯习性(conventionality)的文献中,存在着一种十分明显的将这两点交杂在一起的混乱。由于对惯习的标准理解是刘易斯所提出的那种,其观点在于惯习是对协调难题的规范性解决方案,评论者们被吸引到这一观点上,即如果承认规则是惯习的话,那么它们的基本理据定然是一种协调理据。但是,评论者们同时也意识到了,承认规则的理据也必定是和法律的先在理由紧密联系在一起的。此外,将这两点联结在一起已使得很多人认为,法律自身的主要理据——法律在社会中的主要存在理由——同样也是协调性的。[21] 这使得法律惯习主

---

[21] See Lagerspetz, *The Opposite Mirrors: An Essay on the Conventionalist Theory of Institutions*, Kluwer, 1995; Hartogh, *Mutual Expectations: A Conventionalist Theory of Law*, Kluwer Law International, 2002. 德沃金对其称之为法律惯习主义的解释,建立在一个与此十分类似的观点之上。See Ronald Dworkin, *Law's Empire*, Belknap Press of Harvard University Press, 1986, chap. 7.

义(正如这一观点被称为的那样)变得十分不合理。法律在社会中的主要功能可以被还原为协调难题的解决方案,这一观点过于简单化了以至于很容易被反驳。协调难题尽管可能是错综复杂的,但对它的解决仅仅只是法律在社会中所发挥的主要功能之一,而且很可能还不是法律最为重要的那一功能。[22]

我之所以提及这一混乱,是因为莱斯利·格林对法律惯习主义的批评正是建立在这一基础之上的,他对法律惯习主义的批评经常被援引用以反对承认规则的惯习主义解释的一种主要论证。格林主张法律的权威及其主要的道德和政治理据无法根据法律在解决协调难题方面的功能得到解释,对此他是完全正确的。[23] 但是他却错误地得出了这样一个结论,认为这削弱了承认规则的惯习主义解释的基础。无论是法律在社会中的主要功能还是承认规则的主要理据,二者都和解决协调难题无太大关联。

接下来,我们仍然主张承认规则是惯习。承认规则的惯习性关键还要取决于第三个条件——它是有关这样的一个问题,这些规则从前提条件上看是不是任意的和顺应依赖的(compliance dependent)。因此,让我们转向对承认规则这一面向的检讨。从表面上来看,承认规则的任意性

---

[22] 请注意,相比于其他类型的集体行动问题,协调难题更容易解决一些,这是因为在参与的各方主体之间并不存在严重的利益冲突。

[23] See Green, "Positivism and Conventionalism", *Canadian Journal of Lawand Jurisprudence* 12, no. 1 (1999), pp. 43-49.

是由以下两个观察所强烈支持的:第一,我们知道不同的法律体系,甚至连那些在许多其他方面都十分相似的法律体系,都拥有不同的规则或承认规则。在美国,人们在识别美国法的渊源时所遵守的规则,都十分不同于(比方说)在英国识别英国法的渊源时所遵守的那些规则。第二,主张人们遵守承认规则的原因,从相关意义上讲是一种顺应依赖的,这很明显是有意义的。这是哈特在他的那篇《法律的概念》之后记中所正确强调的要点之一——也就是说,法官和其他官员遵守某些有关其法律体系中法律渊源的鉴别规范的那些理由,是和其他官员也遵守那些同样的规范这一事实密切联系在一起的。

  我认为上述这两个支持承认规则之惯习性的观察,并不存在什么真正的争议。批评者们用以质疑承认规则之惯习性的那些理由,触及了规则的规范性面向。而且格林正是其中之一,他注意到了承认规则的惯习性解释中所存在的这种困难。正如他所说的那样,"哈特主张基础性的(承认)规则是'纯粹的惯习'(mere conventions),他的这一观点仍然是和任何义务观念格格不入的"[24]。由此,也是和承认规则指向"法官在法律上负有义务加以适用"的法律渊源这一直觉格格不入的。因此问题似乎是这样的:如果承认规则从前提条件上看是任意的,那么我们又如何

---

[24] Green, "The Concept of Law Revisited", *Michigan Law Review* 94 (1996): 1697.

能够解释这一事实,亦即它们应当迫使法官和其他官员遵守它们?

到目前为止,我认为我们已经拥有了用以回答这些问题的所有工具。首先,格林假定承认规则的主要惯习主义理据是一种协调性的,即使在这一点上他是正确的,他对承认规则潜在的规范性所提出的质疑仍然不难回答。一些协调难题就是这样的,以至于我们负有一种解决它们的义务。如果已经出现了一种惯习性解决方案,那么相关行动主体很可能有义务遵守这一惯习性解决方案。然而,由于我认为承认规则并不是一种协调性惯习,我自己不会套用这一简单的回答。对格林之质疑的主要回答在于如下区分,即区分遵守承认规则的法律义务观念与另一个独立的政治或道德问题——法官(或其他任何人)是否有理由参与一种由那些规则所确立的实践。*

正如象棋规则一样,承认规则决定了实践是什么样的。可以说,它们确立了游戏的规则。也像其他构成性规则一样,承认规则具有一种双重功能:它们既决定了何者可以确立该实践,又规定了该实践之内的一些行为模式。遵守承认规则的法律义务,就好比是象棋棋手(如果他必须要走象的话)只能沿着对角斜线走象。而这一切都是由

---

* 马默此处的言外之意,是在说如果想要回应格林所提出的质疑,就必须要留意对遵守承认规则的道德义务和遵守承认规则的法律义务之间的区分。——译者注

该游戏的规则所规定的。然而,这些规则却不能规定"应当"怎样开始玩这种游戏。仅当相关的行动主体有理由参与那一开始的实践时,惯习性实践才能为行动创造理由。而且,对于法律同样也是如此。可以说,如果存在着一种去玩某种游戏的"应当",那么我们不能指望从承认规则中推出这一"应当"。依照规则玩游戏的义务——遵守法律,如果存在着这样一项法律的话——一定来自道德或政治上的考量。服从法律的理由,无法从决定何为法律的规范中推演出来。

由此,我对格林关于承认规则之规范性的担忧的主要回应如下:一旦我们认识到承认规则是构成性的而非协调性的惯习,我们便会发现,关于法官应当遵守这些规则的观念,是没有什么独特或特别令人费解之处的。法官有义务遵守承认规则,其意义十分类似于在板球比赛中裁判员有义务遵守板球规则。这两种义务都是有条件限制的。如果法官和裁判员有理由去参与那一游戏,那么从这个意义上讲,那些规则就完全决定了他们在该游戏中所应遵守的义务,并决定了该游戏是什么样子的。然而,在这两种情形中,我们都无法期待游戏的规则能够确立人们去玩这一游戏的理由。换句话说,内在的(法律)义务是由这些规则本身所决定的;确立这一游戏的规则同样也规定了该游戏之中的行为模式。去玩该游戏的外部义务(通常来讲,理由),如果存在着这样一种义务的话,则是一个另外的问题了——它无法指望通过游戏规则的规范性而被确定出来。法官或者其他任何人是否负有一项去玩某个游戏的义务,可以说通常是另外一个问题——这需要依赖道德和政治上的理由予以确定。

让我总结一下结论。哈特的还原主义方案依赖于如下观念,即法律效力的条件是由社会承认规则所决定的。在这里,我坚持认为一种关于该命题的合理的惯习主义解释仍然是有效的。然而,我同时也主张,哈特关于法律规范性的还原主义解释有些过于简单化了,并且因此需要利用拉兹关于法律通常宣称自己是一个正当权威的洞见加以修正。我提出,法律的权威性本质支持将法律规范作为法律权威所发布的指示或指令进行解释。这两点结合在一起的话,便能推导出如下两个命题:

(1)在每一个拥有有效法律体系的社会中,存在着一些社会惯习,它们决定了在那一社会中何者可以被视作法律权威者以及其权威是如何被运用的。

(2)法律规范是由法律权威者所发布的指令或指示所组成的——那些权威者本身是由(1)中的社会惯习所鉴别或确立的。

我相信,这就是对哈特版法律实证主义稍作修正后的版本。在接下来的两章中,我们将会考虑一些针对这些问题所提出的重要挑战,并且会评价它们所产生的影响。下一章将致力于对第二个命题提供一种详细的辩护。

建议进一步阅读的书目

Green, *The Authority of the State*.

Marmor, *Social Conventions: From Language to Law*.

Raz, *Between Authority and Interpretation*.

Raz, *The Morality of Freedom*, chaps. 1-4, 7.

Shapiro, Authority, 382.

第四章　法律是由道德所决定的吗？

法律是由权威性指令所构成的,这一观点在过去的几十年中一直遭到质疑。很多法哲学家认为法律的全部内容远比法律权威所告知的内容要更为多样。他们特别指出,道德考量有时会决定何为法律。根据这些观点,法律的内容部分地是由道德(也或许其他类型的评价性)推理导出。这也是本章我要考虑的一个挑战。我们将进一步检视一些主要的论证,它们意在说明法律无法与道德相分离。我将试图展示这些论证虽然是相当富有洞见的,但却最终无法证明法律内容依赖于道德真理。

自由裁量权与法律原则

哈特清楚地认识到,他关于法律本质的观点会导致法律的穷尽。他认为,呈现在法庭面前的案件无法用既有的法律进行解决,这是不可避免的。法律只是一套有限的规则和指令,而这些规则不可能解决所有可能需要法律给出解答的案件。因为法官几乎不可能不对案件进行裁决,所以在面对这些必须处理的案件时,他们会创造或者至少是修改法律以解决这些案件。因此,当法院面对这些无法处理的案件时,法官所做成的判决就不能被称为适用法律,因为根本就没有相关的法律可以被适用。对于这类无法处理的案件,法院的裁决相当于修改了法律;与由立法机关和其他法律权威者制定或修改法律的方式类似,这是一种创制法律的行为。法律注定会被穷尽——所以法官需要通过司法造法的方式来创制新法——这种观点被称为自由裁量权(judicial discretion)理论。

在一篇著名的批判哈特法律理论的文章中,罗纳德·德沃金认为这种自由裁量权理论存在着基础性的瑕疵。[1]德沃金的论证主旨非常简单:德沃金声称哈特错误地假定了法律仅仅是由规则所组成的。除了那些典型的由法律权威者制定的(如哈特所说)法律规则之外,还有另外一类法律规范,其法律效力并不来自某个具体的制定行为,德沃金称之为法律原则。其法律效力来自包括道德推理在内的推理过程,而不是判决。

为了理解德沃金的主张,那么认识到他意图从存在着法律原则这一观点中得出的两个结论是至关重要的:第

---

[1] Dworkin, "The Model of Rules I", in *Taking Rights Seriously*, Duckworth, 1977, chap.1.

一,法律并不会穷尽,所以法官并不拥有哈特所设想的那种自由裁量权;第二,存在着一种独特的法律规范,并不能从哈特的承认规则中获得其法律效力。潜藏于上述两个结论之下的观点是这样的:原则的法律效力部分地但必然地取决于某些道德上的真;它部分地是一个有关道德真理的问题,即某些规范是合法有效的并且构成了法律的一部分。让我简要解释一下这些论点。

德沃金通过提出法律规则与法律原则存在着一个属性上的界分来开始他的论证:规则是以"全有或全无"的方式进行运作的;如果规则适用于某个情况,那么它必然得出一个法律结果。如果法律结果并不是由适用规则所得出的,那必然是因为这个规则并不适用于眼前案件。与此相反,原则并不必然得出一个结果;如果原则适用于某种情况,它只是提供一个以这种或那种方式来解决这个案件的理由。原则拥有一种权衡(weight)的属性:依据不同的考量,他们在相关的情形下所形成的理由可以被或轻或重地权衡。[2] 举个例子来说明一下,设想有一条规则明确规定了某条高速路上的最高时速,如果有人超速行驶即是交通违规。如果我在这条高速路上行驶,同时这条规则明确无误地适用于我,那么就会得出如下结果:如果我超速

---

[2] 德沃金也注意到其他一些不同点(同上),但是它们都伴随着一种隐含的区分,即决定一个法律结果的规则与只是为得出法律结果提供理由的原则。

行驶,我就违反了规则。现在将这条规则与法官有时在其裁判中所使用的原则相比较(可以用德沃金最喜欢的一个例子):一个人不能从其错误行为中获利。但是,正如所有律师都知道的那样,像这样的一般性原则无法确切地决定法律结果。法律有时允许人们从其某个违法的错误行为中获利。[3] 这类原则的作用是相当精妙的:为法官和其他法律主体解决疑难或边界性案件提供理由。可以这样说,如果要做选择的话,其中一个选择允许人们从其错误中获利,但是原则则不利于得到这样的结果。就原则本身来讲,它并不决定结果——当然并不是在每一个案件中人们都能够从其错误的行为中获利。

然而,一些哲学家已经提出了质疑,认为德沃金所想到的区分不是一种属性上的区分,即在两种不同类型的法律规范之间所作的区分。将这一区分从程度上来考量的话可能会更加自然一些,在一个连续的区间内,一端的法律规范非常明确具体,而另一端的法律规范则非常一般化并且/或者极为模糊。[4] 很自然,一项法律规则越是一般化,人们可能越是希望对其提出一些适用例外或修改主张。因此,依据这条思路,对高速公路进行限速的规则与

---

〔3〕 以逆权侵占(adverse possession,是普通法上的一个概念,意指房地产的非业主不经原业主同意,持续占用对方土地超过一定的法定时限后,原业主的诉讼时效即终止,该占用者可以成为该土地的合法新业主,而不必付出任何代价。——译者注)的方式获得物权就是一个很好的例证。
〔4〕 在法律语言学中,这种方法用以对"规则"与"标准"进行区分。

规定人们不得从错误行为中获利的规则之间的相关差异,就是一个关于普遍性程度的问题:前者适用于一系列十分具体的情形;而后者适用于一些大范围的可能情形。由于考虑到后者的一般性,法律将不得不承认众多针对一般化规则的例外和修改,这也就不足为奇了。

我认为对德沃金这一区分的批评在方向上是正确的,但是就其理论本身而言,并未从根本上摧毁德沃金的主要论点。这些主要论点是依据德沃金其他的一些命题,这些命题主要用于说明法律原则和规则获得其法律效力的方式。德沃金宣称,法律规则获得其效力的典型方式,就是通过法律制定活动,这多少是沿着哈特以及其他法律实证主义者所预定的道路行进的。然而,法律原则却不是制定出来的。它们是由特定的事实,更为重要的是由道德考量所推导出来的。这如何理解呢?举个例子,假设法院面临一个棘手的案件,这个案件看似很难适用既存的法律规则来解决,以至于我们可以这样说,没有任何被大家所公认的法律可以解决这个案件。在这种情况下,法官经常采用如下的推理方式:他们会查阅相关法律领域中既定法律(诸如判例,制定法或者规章)的法律史,并且寻找能够证立那些大多数已决案件的最佳道德原则。形成对相关法律的最佳道德证立的一般性原则,也就是对眼前案件产生影响的法律原则。换句话说,我们可以得出如下结论,即法律原则是经由推理过程而形成法律的一部分。我们以检视由已有法律规定所确立的相关法律事实作为起点，然后试着推导出形成对法律的最佳道德证立的原则。这个推理——部分地但本质上是一个道德推理——的结论就是一个构成了法律之部分内容的法律原则。

所以现在，我们可以分析为何德沃金得出了以下两个结论，即法律不会被完全穷尽，以及法律原则的效力不能来自任何类似于承认规则的东西。法律永远不会被穷尽的原因，只是因为这种导向法律原则的推理一直是可用的。无论何时，法官都有可能认为既存的法律无法解决他们所面临的案件，他们也可以按照同样的过程推导出结果；他们也会经常问自己，什么才是对相关法律的最佳道德证立，以及何以适用形成这一问题之答案的原则来解决眼前的案件。[5] 至少，它会给予法院一个理由，一个法律理由，去以这种或那种方式裁决眼前的案件。所以，总是有部分法律以这样的方式进行适用，也就是运用对先前判决构成最佳道德证立的一般原则来裁决眼前的案件。

法律原则部分地是被推理出来的这个观点，也说明了为何这些规范不能诉诸哈特所设想的承认规则模式来获得其法律效力。原则无法成为法律的一部分，其原因是权威已经决定了何为法律；它们的法律效力部分地但又必然地来自道德真理。一个特定的原则，比方说P，当且仅当P

---

[5] 比较其论点，一个人可能会持这样的假设，即道德是不会穷尽的。但这不会是一个未经任何证明的假设。

事实上构成了对先前法律判决的最佳道德证立时,其才能成为法律的一部分。因此,P的法律效力取决于一些关于何者构成对先前法律判决的最佳道德证立的道德真理。因此法律效力部分与道德真理有关。

德沃金关于法律原则的理论在过去的数年间备受瞩目。很多人对此提出了异议和修正,但一般都承认德沃金在一些非常重要观点的说明上是成功的,其中一个是关于法官赖以裁判的方法,特别是在普通法传统下解决疑难案件的推理过程,另一个是有关构成我们法律图景之规范的多样性。赞成哈特的法律实证主义的法哲学家,拒绝接受德沃金意图从法律原则的存在这一前提中得出的两个结论。一些人认为,即使存在着法律原则,法律也会有穷尽之时,而另外一些人则认为即使法律原则与法律规则存在区分,法律原则的效力依然可以用哈特的承认规则理论进行解释。[6] 我对这两个关于德沃金论点的回应持怀疑态度。如果德沃金在如下事实上是正确的,即规范可以从他所建议的推理形式中获得其法律效力,那么他所得出的结论将是完美的。[7] 因此,主要的问题在于是否存在着法

---

[6] See Raz, "Legal Principle and the Limits of Law", in *Ronald Dworkin and Contemporary Jurisprudence*, edited by M. Cohen, Duckworth; Rowman and Allanheld, 1984; Coleman, *The Practice of Principle*, Oxford University Press, 2001, pp. 103-107.

[7] 回溯先前应该会更精确一些,公允地说,部分混淆是因为德沃金在其关于法律原则最原始的一篇文献《规则模型 1》(The Model of Rules I)中,并没有完全厘清原则成为法律的各种方式。他的论点在后来逐渐清晰,在《法律帝国》(*Law's Empire*)中尤为如此。

律原则。更精确地说,这个问题在于德沃金所描述的上述过程,是否就是法官实际上鉴别何为法律的方式;还是将其描述为这样一种司法推理形式,也就是为了解决某些新案件法官被引导创制新法或至少是修改既有法律?

这样思考一下:假设以下情形是真实的,即无论何时法官面对一个无法用现有法律来解决的案件时,都会依照德沃金所描述的方法推导出解决方案,也就是说,他们检视了相关的先前判决并且尝试着指出对那些判决的最佳道德证立。而一旦他们找到了这样一个获得正当性证明的(justifying)原则,便会将其用以裁决眼前的案件。就此而言,这并不是说法官所选定的原则在其裁决案件之前就已经成为法律的一部分。这一点与以下观点相吻合,即已被鉴别出来的原则之所以能成为法律的一部分是而且仅仅是因为司法判决适用了它。换句话说,亦适用于以下观点,即德沃金仅仅描述了一种法官修正或创制新法的主要方式;相关原则能成为法律的一部分,仅仅是因为法官所拥有的通过司法判决来修正法律的那一权威(当然,在一定程度上讲,他们具有这样的权威)。在鉴别某一原则成为法律原则的司法判决产生之前,原则事实上并不是法律的一部分。原则只有在法官承认,并且只是因为他们这么说,才能成为法律。同时,这个解释也将和法律由权威性指令所构成的那个一般观念是完全契合的。

为了反驳这个异议,德沃金就必须论证,引导法官将某一特定原则鉴别为法律原则的司法推理,是一个关于在判决形成之前法律是什么的推理——即这是一种旨在发现法律是什么的推理,而非那种我所建议的法律需要以何种方式被修改的推理。但是,据我所知,德沃金唯一用于支持其解释的论证是诉诸司法修辞学(judicial rhetoric)。[8] 当法官将一个法律原则适用到案件的裁决中时,他们往往会宣称自己仅仅是适用了一个一直是法律的原则,而不是创设了一个他们所(在道德上或其他方面)偏好的原则。但是这种诉诸修辞学的做法,说得再好也仍然是存在问题的。首先,这是一把双刃剑:法官有时明确地宣称他们认为自己的角色就是创制新法,而非适用已经存在的法律,因为此时他们认为根本无法可依。如果你认真地对待司法修辞学,那么就不能依据你的解释偏好来拣选修辞;修辞也有正反两面。其次,更重要的问题是,即使法官声称他们仅仅是适用其所发现的法律——无论引领他们达至那一目标的道路是多么的迂回曲折——人们仍然有很好的理由去质疑法官事实上真的相信他们自己所说的话。法官在造法方面的制度性角色,在政治上是一个备受争议的问题。人们通常认为,立法机关创设法律,法官适用法律。法官经常会创造一些能够用来解决眼前案件的法律,我们会认识到这一事实同立法机关与法院之间权力

---

[8] See Dworkin, *Law's Empire*, Belknap Press of Harvard University Press, 1986, chap. 1.

之分立的一般观念很难相符。然而,我没有讲法官经常性地创制新法是个秘密——事实上远非如此。但是可以说,它的确是一种无法忽视的真相,并且被广泛知晓。而这种无法忽视使得法官在相当大的压力下,用法律适用的修辞来包裹创制新法的事实。买者自慎(caveat emptor)就是可能被适用于司法修辞学的法律原则。

你可能仍然会疑惑,是否还有其他的思考能够提供另外的解释,即其中原则成为法律的一部分,仅仅是因为法官通过权威性的判决使之成为法律规范?考虑这样一种可能性:假设一个法院——我们就以美国联邦最高法院为例——遇到一个无法使用既有法律处理的棘手案件。同时假定该法院的法官严格按照德沃金所建议他们的方式进行裁判。然后让我们再假定不同的法官在法庭上得出了不同的结果。假定五位法官得出了一个会对案件产生影响的原则 M,另外四位法官却得出了原则 N。并且让我们进一步假定,原则 M 和 N 在这种情形下是相互排斥的,也就是说,如果适用 M 则不能适用 N,反之亦然。如果碰巧是这样的话,那么原则 M 将获得多数票,因此应该根据 M 作出判决。让我们更进一步假定,多数人作出的选择犯了一个道德错误;而从道德的意义上讲,综合各方面的考量,应该适用原则 N。那么此时哪一个原则才是法律?每个律师都会告诉你,除非被后来的判决所否定,否则 M 就是法律。也许这不是一个好的法律,当然也不是最佳的法律,但是它的确是法律。它之所以成为法律,是因为在美国的法律体系中,联邦最高法院拥有在此种情形中决定"法律是什么"的权威,同时由其多数成员所支持的具有法律约束力的判决也是法律。

诸如此类的例子无法证明德沃金的论点就是错误的。根据他的理论,必然会得出这样一个结论,即多数的法官在此案件中犯了一个法律谬误(legal error)。当然,这是可能的;任何一个关于法律性质的合理理论,都会允许以下可能性的存在,即法院作出的裁定在法律上是错误的。然而,让我们设想一下,我在这里所描述的案件不是偶发的,而是一个一般模式。换句话说,我们当然可能会去设想这样一个法律体系,它与我们所熟知的法律体系并无大异,而当中的最高法院在其所依靠的道德考量上系统性地犯错,并且从道德的意义上讲,最终认可那些并非道德上最佳的或最恰当的原则——他们不会作出对相关法律的最佳道德解释。如果你赞同德沃金的论点,那么必然会得到这样一个结论,在一个特定的法律体系中,大量的法律或者至少是那些被人们当作是法律的东西在法律上都是错误的。诚然,在某些点上会有人提出质疑,那种使得很大一部分法律成为法律谬误的理论,是否还是一种能让我们知晓何为法律的理论?

我并不是想重复"道德上邪恶的法律体系也是法律"这样一个古老的观点。我思考的这些例子也并没有进一步推进这个观点；它们也不必假设正在讨论的法律体系在道德上是邪恶的——事实上远非如此。可以说，我们假设即使法院从道德考量中得出他们所采用的法律原则出现了偏差，这个论证也依然有效。根据德沃金的理论，他们仍会出现法律谬误；然后再一次地，我们所得到的结果是很大一部分的法律出现了法律上的谬误。至少，这样一个结果对衍推出它的那种理论有不利的一方面。

包容性法律实证主义

法律的内容不能与道德真理相分离这样的一般性观点，也从法律实证主义传统的内部得到了重要支持。现当代很多法律实证主义者，也趋向于否认法律仅仅是由权威性决定所构成的观点。他们认为在一个给定的法律体系中，道德考量很可能会对何者能够被算作有效的法律内容或者合法有效的规范产生影响。他们认为事实并非必然如此，但是的确有可能是这样的。这种新版的法律实证主义，被称为包容性法律实证主义，而且也存在着多种变体。更深一步的论点是，对于一个特定的法律体系，当中的规范确实包含了多样的道德考量，而法官和其他官员正是借此来决定何为法律的。同时，在此情况下这个论点就变为，法律在一定程度上就是道德考量所蕴含的真理。因此，至少存在这样一种可能，即一些关于道德的真理决定了何为法律。

不同版本的包容性法律实证主义,对可以将道德摄入法律的各种规范也持不同观点。我认为在此观点上有两个主要的版本。其中一个主张,法律可以明确地(简单地通过如此规定)将那些关涉法律效力的道德条件包容进来。为我们所熟知的一些成文宪法文件中的条款,便可以提供很好的例证。比如,美国宪法就包含了对像平等、残酷以及正当程序等道德概念的诉诸。德国基本法包含了一个重要的条款,即所有法律都必须尊重人类的尊严。诸如此类。故而,似乎存在着这样一些情形,其中法律特别是在宪法文件中,明确地将其他部分法律的效力,有条件地建立在道德真理的基础上。

第二种包容性法律实证主义,并且我认为也是更为流行的一种,主张法律能够通过一种更为深刻的方式将道德包容进来,也就是说通过刚好普遍存在于某个特定法律体系中的承认规则的内容来实现这一目的。有可能存在这样一种法律体系,其中被相关法律共同体所践行的承认规则是这样的,它们使得一部分法律之效力依赖于某些特定的道德要求或道德条件,或者其他。[9]

第一种版本虽然更加简单和直接,但这似乎并没有赢

---

[9] 科尔曼和瓦卢乔主张这个版本的包容性实证主义。See Coleman, "Negative and Positive Positivism", *Journal of Legal Studies* 11, no. 1 (1982): 139-164; Waluchow, *Inclusive Legal Positivism*, Clarendon Press, 1994.

得太多哲学家的青睐,而这是有很好的理由的。那种成文法或者宪法对于道德考量的诉诸,并不能说明"法律是什么"事实上是由道德真理所决定的。这仅仅意味着,当法官或者其他法律官员在作出关于"法律是什么"的权威性决定时,他们必须将道德考量带进来。约瑟夫·拉兹通过引入受导性权力(directed power)的概念来解释这一运作过程。法律官员拥有决定不同法律结果的权力,并且通常情况下,这种权力要受到那些其在实施法律权力时需要被考虑进来的理由的导控。例如,一个权威可能拥有授予建筑许可的权力;通常,这是一种受限的权力,并且在法律上也是受到导控的。相关的官员在决定授予或拒绝授予许可时,他们被指引去依靠某些类型的考量而同时要排除其他类型的一些考量。比如,他可能会考虑环境因素,而不是宗教因素。当然,这无法阻止法律对包括法官在内的官员的权力基于某些道德考量而进行的导控。

然而,这些都无法说明道德是法律的一部分。例如,设想存在这样一种情形,其中某个官员(比方说城市规划者)被授予这样一项法律权力,即基于审美的因素(比方说,如果拟修建的建筑与周边建筑存在"审美上的不协调")可以拒绝对某些建筑的许可。毫无疑问,在这种情形中我们不会说,审美成为了法律的一部分,或者关于什么是"雅致的"(pretty)的真理构成了何为法律的一部分。当然,特别是基于审美的因素,官员的决定可能会受到法律上的挑战。不服的一方可以提起诉讼,比如质疑规划者的官方决定在审美上是错误的,而且这有可能会胜诉。这并没有什么独特之处。官方的决定可以基于诸如经济、正义、道德、行政效率或者其他各种因素而经受来自法律上的挑战,但只有当这种挑战成功时,也就是说被一种更高的法律权威所认可时,那么它才是法律。

承认规则能够将道德包含进来并以此作为判定法律效力的一个条件,这一主张更加有趣,而至少乍一看是合理的。该观点是这样的:我们可以设想一个特定的社群,其中承认规则确立了某些公认的造法的方式,但前提条件是制定法并不是极端邪恶或者并未侵犯基本人权等。如果这个承认规则是可能的,那么道德约束似乎就成为了判别法律效力之条件所必不可少的一部分。法律只有在符合某些特定道德约束条件的情况下才是有效的。事实的确如此,是因为并且仅仅是因为承认规则在相关社群中刚好被人们在事实上所践行。包容性法律实证主义者认为,没有任何因素可以排除这种可能性。他们认为,这起码在概念上是可能的。因此,如果说这在概念上是可能的话,那么道德真理或正义构成何为法律之判准的一部分也是可能的。

包容性法律实证主义给人们一种这样强烈的感觉,即他们想鱼和熊掌两者兼得。它一方面想要坚持法律实证主义的基本信条,即在任何特定社会中何为法律基本上是由社会规则所决定的。而另一方面,它又想融合一些德沃金关于法律推理之本质方面的洞见,也就是法律的内容有时是由道德真理所决定的。无论这种结合是否会引起当代法哲学界的巨大争论[10],当代分析法学的声誉都有可能会受损。它难免会给人们带来这样一种印象,即该争论已经开始降格为对那些相差无几的观点做吹毛求疵的论证。既然我参与到了这个争论中来,那么我就不能同意这一观点。然而,在此我们最好还是避免对那一吹毛求疵的(作为支持或反对包容性法律实证主义而出现的)论证进行概括,毋宁专注于一些更加主要的问题。

首先,值得注意的是,包容性法律实证主义必须抛弃承认规则是社会惯习这一观点。一种来自惯习主义者对这些规则的解释,很难与它们可以将道德融合为规则的一部分的观点相容。为了阐明这个问题,考虑一下这样一个不同的场景:在各种社交场合中我们拥有着某些关于适宜的行为模式的惯习,比方说参加一个宴会,存在这样一个惯习,即你在参加宴会时需要带礼物,比如鲜花或红酒;或者你需要使用银质餐具进餐(也就是说不能用手)等。但是从道德的意义上讲,如果说存在一个要求人们参加宴会

---

[10] See Coleman, *The Practice of Principle*, Oxford University Press, 2001, part 2; Himma, "Inclusive Legal Positivism", in *The Oxford Handbook of Jurisprudence and Philosophy of Law*, edited by J. Coleman, S. Shapiro, et al., Oxford University Press, 2002, p.105; Andrei Marmor, "Exclusive Legal Positivism", in *The Oxford Handbook of Jurisprudence and Philosophy of Law*, edited by J. Coleman, S. Shapiro, et al., Oxford University Press, 2002, p.104.

时举止得体的惯习,这将显得非常奇怪。道德上举止得体的理由是独立于任何惯习的。惯习并不能确立行动的道德理由。惯习是这样一些规范,它的产生是为了解决相关社会规范不足以(underdetermined)为理由所决定的那些情形。如果理由完全彻底地决定了与其相应的规范的内容,那么这个规范就不是惯习。同样的观点也适用于承认规则。如果这些规则是社会惯习,那么认为它们融合了道德规范就显得难以理解。但这并不是一个反驳包容性法律实证主义的决定性论点,因为后者可以完全地否认承认规则在本质上是惯习。

在相关文献中另外一个问题获得了较为广泛的认识,这就是包容性版本的实证主义与为其追随者所共享的如下观点相调和的问题,亦即法律总的来说是一种权威性制度。约瑟夫·拉兹的论述是极佳的,即如果权威宣称的主体为了决定权威性指令的内容是什么而必须要依靠道德考量,那么坚持说一个指令是权威性的将没有任何意义。权威性解决方案存在的全部要旨就在于,主体如果遵守了权威性指令,那么相对于他们自己直接权衡(或遵守)适用于其自身的理由而言,他们可以更好地遵守那些适用于其自身的理由。权威在发布其指令时需要依赖一些理由,但如果主体为了理解指令的内容而不得不借助于同类理由的话,那么将会错失权威存在的全部要义。* 通过这个论证,拉兹得出了如下结论,即包容性法律实证主义和德沃金的法律理论都是不准确的,因为他们都没有意识到,假如一个人唯有诉诸权威所意图取代的那些理由来识别何为权威法令,那么实践权威的存在就变得没有意义了。[11]

针对拉兹的这一论证,包容性法律实证主义有两种可能的回应方式:其中一种思路挑战的是这样的一种一般观念,每一个法律规范都必须被理解为权威性指令。另一种反驳观点承认法律规范必须被理解为权威性的,但主张拉兹错误地认为法律的权威性本质在某种程度上被如下观点削弱了,即有时我们需要一个道德论点来决定何为法律。两种反驳都有相关的文献予以支持,有时这些论述相当精致(或许有点过于精致)。这里我将不再总结这些复杂的论证,部分是因为包容性法律实证主义所遇到的主要困难,与我们面对德沃金法律原则理论时所遇到的困难是一样的。基于同样的理由,两个观点都蕴含着这样一种可能性,即在一个特定的法律体系中,相当大一部分法律被认为是法律谬误。这几乎是没有任何意义的。事实上,根据包容性版本的法律实证主义的观点来看,它比德沃金的解释更加没有意义。毕竟,德沃金否认合法性最终是依赖

---

* 此句的意思是指,权威要求主体按照其给出的理由行动。如果权威同时主张,主体可以依赖相同类型的理由(比如个人的道德理由,或者其他类型的理由)来理解权威性指令,那么拥有权威就没有任何价值。——译者注

[11] Raz, "Authority, Law, and Morality", *Monist* 68 (1985): 295.

于某些社会规则的。实际上,正如我们在下一部分将会看到的那样,德沃金否认在何为法律和道德要求法律为何之间存在着明确的界分。所以至少在德沃金理论的语境中,他的如下观点还是具有一些理论意义的,即整个法律共同体关于法律的真正内容的认识可能会出错。实证主义者主张合法性最终与社会规则有关,但是如果你赞同了他们的这一信条,那么以下观点将变得难以理解,即整个法律共同体可能错误地理解了它的法律。

作为解释*的法律

到目前为止,我们尝试着考察了法律的内容是否有时依赖于某些关于法律的内容应该是什么的特定考量,事实上是关于道德真理的考量。无论答案如何,至少在原则上我们假定在法律是什么和法律应当是什么之间存在着一个一般性的区分;或者说在 X 这个问题上法律是 P,但是从道德视角来看法律应当是 Q,并且 Q 必然意味着非 P,这听起来完全说得通。在其最近的一些关于法律性质的文章中,德沃金开始挑战这个区分的合理性(soundness)。

---

* 德沃金在其《法律帝国》中使用的是"interpretation",对此存在着不同的翻译,比如我国台湾学者李冠宜先生将其翻译为"诠释",另外多数学者翻译为"解释"。"诠释的"或"诠释学的"主要是一个哲学诠释学上的概念,其对应的是"hermeneutic"。在英美分析哲学或法哲学的语境中,将"interpretation"翻译为"解释"似乎更为妥当,也更符合中文的理解和表达习惯。——译者注

事实上,他建立在法律的解释性性质基础上的详密论证,就意在说明"法律是什么"和"法律应当是什么"之间的区分比我们一直以来所设想的要模糊得多。德沃金声称,"法律是什么"这个问题一直都是一个包括道德考量在内的评价性考量的问题。德沃金的论证非常复杂,部分地是因为这不仅是一个关于法律之性质的论证,而且也是一个关于法律理论之性质的论证。正如我们在下一章将要看到的那样,德沃金非常明确地排斥任何描述性法理学(descriptive jurisprudence)存在的可能性,也就是拒斥任何一种意在描述法律性质的一般性哲学理论。依照德沃金的观点,法理学部分地但本质上是一种规范性政治哲学。一个关于法律合法性的道德的和政治的证明,是任何尝试解释法律是什么的理论的一个必要组成部分。

这两种对传统分析法学的主要挑战,都是以解释的概念为基础的。法律就其本质而言完全是解释性的,而且任何对这种解释性事业之说明的尝试,同样也是一种解释。根据德沃金的看法,虽然这两个层面的解释密不可分,但我认为我们必须分阶段来进行讨论。在这一章中,我将简要地说明德沃金是何以得出下述结论的,即法律内容一直是一个有关评价/道德判断的问题。至于方法论方面的挑战,将留待下一章来讨论。

虽然德沃金的论证非常复杂,但基本观点却相当简练。其论证框架可以被概括如下:

（1）在任何特定的情形下，关于法律所要求的是什么的任何结论都必然是一种解释的结果。

（2）本质上，解释就是试图将它的对象展现为其所属种类或类型中的最佳可能实例。

（3）因此，解释必然涉及评价性考量，并且是这样两种主要的考量：关于相关种属中内在价值的评价性考量；和关于能够最佳呈现那些价值的解释对象之要素的评价性考量。

（4）从（1）和（3）得出，关于法律是什么的任何结论都必然涉及评价性考量。我们所认为的法律是什么总是依赖于我们的这样一些观点，即关于我们将之与相关法律领域联系在一起的价值，以及那些价值赖以通过考量最佳地呈现于规范之中的方式。

可以确定的是，如果（4）是正确的话，那么关于法律的内容实际是什么的问题与法律的内容应当是什么的问题之间的传统区分将不复存在。理解法律的内容是什么的唯一方式，便是诉诸某些特定情形下法律所应当具有的各种内容。同时，如果这个一般观点是正确的话，那么所有类型的法律实证主义很明显都是错误的。

这一论证框架有两个重要的前提：第一，所有关于法律内容的结论均是解释的结果；第二，解释的性质必然涉及评价性考量。如果这两个前提都是正确的，那么必然会得出（4）这样一个结论。让我从头说起，我认为前提二中的大部分内容是正确的,但前提一是错误的,所以整个论证也就失败了。但是,我们需要知道这一论证是如何完成的。因此,就让我们从德沃金关于解释的一般性质的观点入手,并进而检视它们是如何应用于法律的性质上去的。

什么是解释?一个相对可靠的起点是,假设当我们试着理解某个特定的表达或文本等的意义时,我们是在解释它们。解释是一种典型的理解事物意义的尝试。至少在某些场合中,比如在一场日常的会话中,让我们感兴趣的相关意义存在于言说者(或是文本的作者)这样或那样的言谈或表达的内容中。当然,在法律的语境下情况也是相同的。一条横贯马里布*的太平洋海岸高速公路沿线有一些路标,上面这样写着:醉酒驾驶者,请拨打911(DRUNK DRIVER CALL 911)。在你捧腹笑过后,你会发现设立路标者的本意想必是,如果你发现一个司机可能是在醉驾,你应该拨打911并将此事告知警察。你会告诉自己,这意思不太可能是官方想让醉驾的司机自己拨打911。这不是他们的意思。

然而,大家普遍认为在很多情境下,特别是艺术领域,也许还有在对社会实践进行解释的情境中,解释并不必然是这样一种尝试,即借由相关的表达或文本来理解作者/言说者究竟说了什么。即使我们知道作者所表达的意思,

---

* 位于洛杉矶西部,是加利福尼亚州的一个城市。——译者注

一些解释性问题依然是开放的。或者,我们也许对作者的意图并不是特别地感兴趣;或者,甚至就不存在这样一个作者。但是随之而来的难题是,我们到底对什么感兴趣呢?如果解释并没有努力抓住作者想要表达的意思,那么是其他的什么意义(meaning)在起作用呢?德沃金对这个问题给出了一个非常有趣的回答,他称之为建构性解释(constructive interpretation):

> 我将论证,对于艺术作品和社会实践的解释,本质上所涉及的是目的而非原因。但此处所说的目的(根本上)并不是某个作者的目的,而是解释者的目的。简而言之,建构性解释是这样的,即*为了使某个对象或实践成为其被认为所属之形式或类型的最佳可能实例,而赋予该对象或实践以目的*。

紧接着,正如德沃金所立即阐明的那样:"这不是说……解释者能够让该实践或艺术作品成为任何他想要它成为的东西……因为实践或对象的历史或形态,限制了对该实践或对象的可能解释。"[12]

在这里呈现出了三个关于解释之性质的主要洞见:第一,解释力图将它的对象作为其被认为所属之类型的最佳可能实例,以其最佳可能的形态展现出来;第二,解释在本

---

[12] Dworkin, *Law's Empire*, Belknap Press of Harvard University Press, 1986, p.52.

质上是依赖于类型(genre dependent)的,并且通过各种方式来说明解释为何是一种评价形式的推理;最后,还存在一些特定的限制,它们确定了对某个对象进行可能解释的限度。我对于最后一点不想谈太多,因为这会引出很多复杂的问题,以至于这会使我们偏离关注的重点。我的主要目标是对前面的两点进行说明。所以,我们以这样一个明确的问题为开始:为什么是最佳?为什么对对象或文本的解释应当力图以其最佳可能的形态展现出来?对于这一重要的问题,如果有人期望得到一个详尽的、有说服力的答案,这注定会让他失望。德沃金对他的那一问题只提供了两条线索。第一条线索在一个脚注里:德沃金声称,一个解释者必然会寻求其解释对象的最佳可能形态,因为"否则我们就无法理解,他何以主张自己所作的解读"[13]。另一条思路并没有那么直接,从德沃金的假设中可以得出,对这种建构性模式而言只有唯一的一种替代方案,那就是传统的作者意图模式(author's-intention model),但是德沃金基于各种理由却对此予以拒绝。让我们依次来讨论这两点。

也许德沃金的直觉是非常清晰的:比方说,如果可以提出两种对一部小说的解释,并且根据其中的一种,这部小说可以以更好的状态呈现出来——也就是说,作为一部

---

[13] Dworkin, *Law's Empire*, Belknap Press of Harvard University Press, 1986, p.421, n12.

更好的小说——但如果我们坚持拒绝这个解释,而反过来支持另一种呈现较差状态的解释,那么这似乎是毫无意义的。即使从一个哲学论证的角度来看,这是一种我们相当熟悉的直觉,从哲学的论证中也能得出。如果你想要批评某个人的理论,除非你能够试着将批评的对象以其最佳可能形态展现出来,否则你不会让任何人信服你所做的批评。当然这并不是说,你所试图解释的任何内容,都必须以其具有价值或特别成功的方式被展现。但是,除非你能首先最佳地展示出来,否则你就不可能说服他人相信这是一个失败的理论。

德沃金注意到,针对这个探索性的假设唯一可能的替代性选择,就是作者意图模式。根据这一模式,解释仅仅是这样的一种尝试,即它想要寻求相关文本的作者在面对它的各种意义时所拥有的那种真实意图和目的等。因此,如果这个假设认为文本的意义就是作者所试图赋予它的意义,那么以最佳形式展现文本的问题也就当然不可能出现了。不管怎样,对于文本的解释,仅仅存在于我们所能发现的关于作者之意图的那些东西之中,而无论这些东西是什么。如果一种对文本更佳的解读是可得的话,那么这将是一个有趣的批评,但却并非对文本的解释。所以,德沃金如果想要证明建构性的解释模式的核心论点,他就必须反驳作者意图模式这个明显的竞争对手。或者,至少这是德沃金所设想的。

德沃金有两个反对作者意图模式之解释的主要论证。第一个论证——从艺术品领域的实例中赢得了其最直观的支持——依赖于如下事实,即艺术家们通常都想让其作品变为脱离原初意图和目的而存在的文化实体(cultural entities)。一旦一件艺术品被创作出来,艺术家似乎宁愿该作品是独立且不言而喻的。因此,至少在艺术领域,经常会发生尝试运用解释作者意图之解释模式的情形,而结果往往会弄巧成拙。你认为文本的意义就是作者所试图赋予它的意义,所以你试图寻求作者的意图,最终却发现她原本希望自己的意图被忽略。这只是可能会发生,这样说或许是不确切的。也许这是关于艺术或至少是当代世界的艺术之性质的一些较深层面的东西,这些艺术作品通常是出于成为文化实体的目的而被创作出来的,从而意欲使其独立于艺术家的特定意图。但是这一论证存在两个严重的问题。首先,即使在艺术作品的领域,对于德沃金的描述而言,也并没有什么是所谓必然的或本质的。某些艺术家也许仅仅只是不愿共享它所包含的那种愿景。所以,这种弄巧成拙的论证可能会不攻自破。如果你认为作者的意图应当被忽略,因为这是一个作者本人所意欲被忽略的意图,那么你可能会发现你所依赖的意图根本就不存在;或许你的那一文本的作者实际上希望他的特定意图能与对其作品的解释相关联。为什么你现在要忽略那个意图呢?

更为重要的是,这个论证建立在艺术家们看待其创造性活动的方式以及艺术之性质的某些方面之上。但是如果将这个论证扩展至其他情形,则便是有问题的。尤其是,以未经证实的论据否定事实性假设,进而将该论证扩展至法律的领域,这是值得令人怀疑的。假定那些法律文本的创制者(诸如立法者及法官)也趋向于赞同这样一种动机,即在解释法律文本时他们的意图不应被考虑进去,如此假定妥当吗?他们当然不会这样想。[14] 因此,如果存在着一个反对作者意图模式的一般性论证,那必定是一种不同类型的论证。根据关于作者之意图的假定来试图拒斥作者意图模式的这种做法,是根据不足的且不稳固的。

德沃金的确还拥有另外一个反对作者意图模式的论证,它更加细腻和富有洞见。然而为了理解这个论证,我们需要更好地理解解释依赖于类型的方式。根据德沃金的理论,一个解释力图将它的对象展示为其所属类型中的最佳可能实例,亦即它所归属于的那种类型的一个最佳可能实例。这意思是说,如果不事先弄清楚它归属于什么类型(也就是它所归属的那一类型是什么),就不可能进行任何解释。初看起来,这一要求过于严厉;毕竟,我们有些时

---

[14] 举个例子,对于美国宪法有一个争论仍在继续,即关于宪法创制者的意图对他们所起草的宪法条款的潜在相关影响。很多美国法学家倾向于赞同德沃金的观点,这一问题的答案依赖于创制者对于他们原初意图的意图。因此,很多历史研究结果对这个争论产生了影响,但也只能说仍无定论。

候即使对文本之恰当的类型归属是什么并不是十分地确定,我们仍然的确是在进行对某个文本或对象的解释工作。而有时恰当的类型归属,恰恰是某个对象的各种竞争性解释之间的争论所在。例如,一个解释者认为最好把萨缪尔·贝克特的《梅西埃和卡米耶》当作一部戏剧来读,而另外一个解释者则认为这实际上是一部小说。然而,德沃金却无须否认这任何一者。即使当类型归属本身是一个问题的时候,我们仍然必须决定哪一种归类能够将该作品展现为一部更好的(比方说)文学作品。换句话说,当特定的类型归属并不明确时,我们就需要上升到一个抽象的层级并且尝试着决定哪一种文本的归类能够将其作为一个较高层级归属关系中的更好实例展现出来,比方说,作为一部文学作品,或者如果这是有疑问的话,可以作为一件艺术品等。无论如何,我们必须弄清楚我们所致力于解释的对象归属于什么类型,即使这一分类是尝试性的或十分抽象的。

这里还有一个更深层次的见解。如果我们弄清楚了一个文本所属的类型是什么时才能够解释它,原因在于我们同时还必须清楚那一种类或类型的内在价值。除非我们弄清楚何者使得文本在那一类型中呈现得更好或更坏,否则我们其至都无法开启对它的解释。离开了对何者使得小说变好(或坏)的认识,你就无法开始思考对一部小说的解释,并且离开了对那些我们在诗歌(或者在那类诗歌中)中所发现的价值的认识,你就无法来解释一首诗歌。如此等等。例如,如果你提出了对一部小说的某种特定解释,那么你必然依赖于你所拥有的关于各种价值的观点,而正是这些关于价值的各种观点使得小说以好的方式呈现或值得我们欣赏。否则,你无法说明为什么我们应该关注你所提出的那种解释——为什么我们要注意你所指出的作品的某些方面而非其他方面呢?因此,我认为德沃金的下述主张是十分正确的,即如果不弄清楚内在于文本所属之类型的各种价值,那么我们就无法作出任何解释。这些被我们与类型相联系起来的价值,部分地但至关重要地决定了对文本的何种说明是有意义的——我们所能够赋予义本的那种意义是什么。

然而,这个洞见也解释了关于在解释中作者之意图的那场争论的真实性质。正如德沃金所解释的那样,

> 这种关于作者之意图的学术论证,应当被看作关于艺术价值何在的一个特别抽象而理论的论证……我并不是在争辩,艺术解释的作者意图理论是错的(或对的),而是在说,它是错的或对的以及它是什么意思……都必定取决于有关艺术作品何以拥有其所表现的预设价值的更根本预设的可信性。[15]

---

[15] Dworkin, *Law's Empire*, Belknap Press of Harvard University Press, 1986, pp.60-61.

这是非常重要的。那些主张(比方说)一个小说家的特定意图对小说的含义产生影响的人,也就必须持有一些关于是什么使得小说变得具有价值并且值得我们欣赏的观点。他们必定认为理解作者所欲达到的目标或者所想传达的信息,是各种对小说含义产生影响的考量,同时这也假定了它们是与使得小说变得具有价值的观点相联系的各种考量,当然反之亦然。如果你否认小说家的相关意图,那么只是因为你持有某些关于是什么使得小说有价值的特定观点——这些观点是与我们所关联的文学又或许广义艺术的表达层面的价值相分离的。无须赘言,艺术在这里只是一个例子。立法者意图在成文法的解释中所起到的可能作用,与在宪法解释语境下制宪者意图所起到的可能作用,二者对于在推理的适用上极具相似性。无论尊重这些意图是否有意义,推理适用都必须依赖于关于价值在相关类型中居于何种位置的理论论证,也就是立法的权威或者宪法的权威与正当性的论证。[16]

因此目前的结论是,关于作者意图模式的解释只有在被作为一种建构性模式的实例或应用时才具有意义。它与建构性解释并不冲突。尊重作者的意图是否具有意义是一个相对性问题(local issue),它特定于我们所说的类型,并且依赖于与后者相连的那些价值。这是否证明了德

---

[16] 我在别的著作中更加详细地解释了这一点。See *Interpretation and Legal Theory*, 2nd ed., Hart Publishing, 2005, chaps. 8 and 9.

沃金的以下观点呢？也就是说，解释必须总是努力将它的对象以其所属的那种类型中最佳可能的实例展现出来。只有当我们赞同德沃金关于建构性模式是传统作者意图模式的唯一替代性选择的观点，才能够证明这一点。但是，这是一个有问题的假定。解释不必力求将文本以最佳可能的形态予以呈现；只需将其以或许比上不足而比下有余的某种状态呈现出来，但在某种程度上它突出了文本的某个方面的意义，而基于各种理由这一意义是值得我们加以关注的。让我们回顾一下德沃金所坚持的"最佳"的观点，它来源于以下假设，即除非某人能够力图将文本以其最佳的形态予以呈现，否则"这就让我们无法理解，他何以主张自己所作的解读"[17]。但根本没有必要如此。有时也不能如此。让我澄清一下。这里有两点：第一点是关于各种解释中的动机与旨趣，第二点则关于"何为最佳"这一问题进行通盘考虑判断的有限可能性。

首先，让我们先来分析动机。除非某人力图将文本以其最佳形态呈现出来，否则我们没有什么理由去关注他所提供的那一解释，德沃金的这一假定是不正确的。我们对许多解释都很熟悉，比如在艺术品领域以及其他领域中，我们仍然十分清楚为什么某种解释是有趣的或者值得关注的，即使它并不旨在将文本以最佳可能的形态呈现出

---

[17] 见前注[13]。

来。例如,一个关于《哈姆雷特》的精神分析的解释将会十分有趣并且也必定值得我们关注,纵然它并不必然比那些更为传统的解释将该剧本呈现得更佳。它仅仅只是展现出了该剧本的某个特定方面,而就其本身而言这是十分有趣的。或许它提出了一种关于莎士比亚作品的更好的理解,突出了一些我们先前未曾注意到的方面,增进了我们对于作品内容之精妙和丰富多彩的理解,如此等等。我们无须假定所提出的那一特定解释以最佳形态展现了《哈姆雷特》,却仍然能够做到这一切。这同样也可以适用于当代场景下对《哈姆雷特》的一个现代改编,又或者即使只是一个对其拙劣的仿作。因此,如下的这个一般性假定便完全是毫无根据的,即如果没有力图将文本展示为最佳的一面,那么我们就无法知晓为何这个解释值得关注。

然而,除去动机的问题,还存在着一个可能性的问题。正如一些评论者所指出的那样[18],德沃金所坚持的最佳可能形态是建立在这个假定之上的,即在每一种情形下都存在着一种关于如下问题的通盘考虑判断的可能性,即是什么使得某部特定的作品变得有价值的——是什么使得它成为其所属类型中的最佳可能实例。可以理直气壮地说,这个假定忽略了不可通约性(incommensurability)的问题。对于艺术作品和许多其他可能的解释对象来讲,这是

---

[18] See Finnis, "On Reason and Authority", in *Law's Empire*, *Law and Philosophy* 6, no. 3 (1987): 357.

一个对它们的相当普遍的评价维度，以至于根本就不可能提出一种关于其优缺点的通盘考虑的判断。对此完全不存在所谓的最佳。某些解释可能比上不足而比下有余，但是没有任何解释可以宣称自己是最佳的。至少在一定程度上是这样的，因为一些评价性比较是不可通约的。价值的不可通约性在于存在着这样一些评价性比较，其中既不能确切地说 A 就优于 B，并且也不能确切地说 B 就优于 A，此外还不能确切地说 A 与 B 等同。通常会是如此，因为 A 和 B 都是由多种评价性维度所组成的混合物，而且它们之间刚好并不存在一个充分确定的公分母，从而使得通盘考量的判断失去可能性。比方说，很多因素都可以使小说变得具有价值，并且一种解释可以基于某个特定的维度使小说变得更具有价值，而另一种解释也可以基于其他的维度使其更有价值。通常我们不能简单地说，经过通盘的考虑它们之中的哪一个是更好（或更差）的，而原因不在于有什么东西是我们所不知道的，而在于相关比较在本质上是不可通约的。

如果这是一个如此显而易见的认识的话，那为什么德沃金还要拒绝接受（正如他所坚持的那样）？在德沃金的理论中，是什么使得他坚持存在着以下可能性，即经由通盘考虑可以将解释的对象以其最佳可能形态呈现出来？我认为可以从德沃金的法理学而不是他关于解释的一般理论中，找到解决这一困惑的答案。要不是因为有这个问题的存在,后者的意义将是非凡的。正如我们在前一章节中所看到的那样,德沃金早先关于法律原则的理论也采纳了同样的基本观点:他认为,如果一个原则构成了对相关法律的最佳可能证立,那么该原则就形成了法律的一部分。如果没有"通盘考虑后的最佳",整个观点就会变得有问题,因为我们最终可能会得出这样的一个结论,不同的甚至相互矛盾的原则在一定假设条件下都可以是最佳的,这可以进一步得出以下结论,即使在德沃金的说明中法律也是极度不确定的。因此,除非德沃金假定存在着通盘考虑后的最佳,否则我们最终只会看到哈特在这一点上是对的,而司法自由裁量权是不可避免的。

无论实际情况如何,我认为德沃金在一个重要问题上的观点是正确的:他非常正确地指出,解释在本质上是一种依赖于各种评价性考量的推理和理解。如果不对是什么使得那种文本变得更好或更坏作出某些假定,你就无法提出一种关于某个文本或对象的解释;关于我们对正在被考虑的那一文本的兴趣以及我们与那一类文本联系在一起的价值,这两种特定的评价性观念在某种程度上使得解释成为可能。但是,这依然没有证明德沃金关于法律的性质及其必然与道德相关这一主要论点。后者依赖于他有关论证框架的第一个前提——关于法律是什么或者法律要求什么的任何结论,都是某种解释的结果。换句话说,事实从来都不会是这样的,即一个法律指示在未经任何解释性过程的情况下便能够被理解和适用,以上便是德沃金解释性的法律理论的一个至关重要的假设。至少可以说,这是一个有问题的假设。总之,这使得我们对语言哲学教给我们的关于意义和语言使用的很多内容产生了怀疑。正如我在第六章中将要说明的那样,德沃金关于语言之性质和解释之普遍性的假设是无法维持的。但是,在此之前,我们需要考察一下对哈特法律理论的方法论上的挑战,而这就是下一章的主题。

建议进一步阅读的书目

Cohen, *Ronald Dworkin and Contemporary Jurisprudence*.

Coleman, *The Practice of Principle*.

Dworkin, *Law's Empire*.

Marmor, *Interpretation and Legal Theory*.

Marmor, ed., *Law and Interpretation: Essays in Legal Philosophy*.

Raz, *Ethics in the Public Domain*.

第五章　法哲学是规范性的吗？

哈特公开地将其关于法律性质的理论界定为"描述性的(descriptive)和道德中立的(morally neutral)"[1]。与诸如约翰·奥斯丁和汉斯·凯尔森等先前的法律实证主义者一样[2]，哈特认为一个关于法律性质的哲学性的解释，应该尽力避免任何形式的说教(moralizing)，而应当旨在为法律的性质这一问题提供一个在其适用上十分一般性的解释——它能够解释一般意义上的法律是什么。显然，这里至少有两个假定。首先，无论不同时空条件下的法律体系有何种差异，假定法律是人类社会中的一个十分普遍的现象，同时还具有某些对法律本身而言是必不可少的或独

---

[1] 本章内容以我的下述文章为基础，此处呈现的是一个修订版，参见拙文"Legal Positivism: Still Descriptive and Morally Neutral", *Oxford Journal of Legal Studies* 26（2006）：683。

[2] 不包括边沁在内。正如杰拉德·波斯特玛令人信服地展示的那样，边沁并不赞同这个观点。See Gerald Postema, *Bentham and the Common Law Tradition*, Clarendon Press, 1989.

有的特征。其次,假定我们不借助于任何关于法律或特定法律制度之优劣所形成的道德或政治判断,仍然能够鉴别和阐明法律的那些本质特征。理解法律是什么,这是一回事;而判断其优劣,则是另外一回事。

许多当代的法哲学家开始质疑这一理论抱负。他们宣称,一种关于法律之性质的理论,诸如哈特的法律实证主义,无法与关于法律之优劣的道德的和政治的观点相分离。他们宣称,若不依赖一些关于是什么使得法为良法并值得人们尊重的一些观点,我们就无法理解法律是什么。这类方法论观点中最为明晰的例子,便是德沃金新近关于法律的解释性理论。德沃金十分明确地将其法律理论描述为一种道德的和政治的理论。正如他在《法律帝国》中所清楚地讲到的那样,他的假定在于,关于法律的主要的道德和政治问题,是一个关于强制的正当性的问题;是什么证成了使用集体力量(collective force)去强制实施某类政治决定?根据德沃金的观点,对集体力量之使用的证立是一个主要的道德问题,它构成了有关法律性质之理论的基础。无论如何,它们意在提供一种关于法律的说明,提供一种对我们的实践的解释,而这可以回答前述那个道德的和政治的问题。哈特的其他批评者,并不必然赞同德沃金关于产生争议的那一主要道德问题的观点,但是都同意德沃金的一般方法论立场(general methodological point)。他们宣称,即使是哈特的法律实证主义最终也不过是一种规范性的理论,因为它只能以规范性的道德的和政治的理由来进行辩护。这种对法律实证主义的方法论上的挑战,构成了本章的主题。我将坚持认为哈特是完全正确的,同时将一个关于法律之性质的哲学性说明与关于法律之优劣的道德和政治的观点分离开来,不仅是可能的而且在理论上也是可欲的。

规范性法律实证主义

法律实证主义无法与其潜在的道德关切相分离的观点,被称为"规范性法律实证主义"。然而,关于规范性主张与法律实证主义之间的关系,至少存在着五种观点。所有这些观点并不必然都是与我所希望辩护的论题相对立的。为了提供一个对这五种观点的基本解释,让我假定法律实证主义存在着一些核心的描述性内容,同时无论这种核心的描述性内容是什么,我假定以 P 来代表它。据此,我头脑中所想象的就是这样五种立场:

(1) 实际情况应当是 P(或者大致与 P 同延的某些东西)。

在这个意义上说,"应当"(ought)意味着"能够"(can),这个观点也必将赞同如下命题,即至少在某种重要的程度上,P 具有现实的可能性——至少在某种重要的程度上,它实际上能够被实现。但是,这个版本的规范性实证主义的主要关注焦点在于道德和政治领域。它认为法律实证主义是一种善物,比方说,在一个自由民主社会中它应当被实现,原因在于这一法律实践最能够促进这样一个理论所支持的善。我将这个看作是由汤姆·坎贝尔[3]所提出的基本观点,与坎贝尔一样,我称其为伦理实证主义(ethical positivism)。

(2) P 符合实际,并且如果 P 获得普遍性认可的话,那么这将是在道德和政治上善的。

我相信这是哈特所持的立场。他认为,作为一种关于法律性质的一般理论,法律实证主义基本上是描述性的和道德中立的。然而,哈特也相信公众对于 P 之真实性的一种普遍性认可,将把我们从传奇的神话中解放出来,并因此使得我们能够以更加批判的态度对待法律,这不仅在理论上是正确的,同时在道德和政治上也是有所助益的。[4]

(3) P 符合实际,并且同时也是一个善物。

在某种程度上说,哈特或许也赞同这一观点。他似乎已经

---

[3] See Campbell, *The Legal Theory of Ethical Positivism*, Dartmouth, 1996.

[4] See Hart, *The Concept of Law*, 1st ed., Clarendon Press, 1961, pp. 205-206. 如果我对麦考密克的理解没错的话,这也是他在一篇文章中所提出的一个主要论点,See MacCormick, "A Moralistic Case for A-Moralistic Law", *Valparaiso Law Review* 20 (1985). 然而全面地来看,麦考密克似乎也赞同第三种论证版本。

表明,并非仅仅对 P 的一种普遍性认可在道德上是善的,而且 P 的某些方面的内容在道德上也是善的(尽管这并不是十分的准确,正如我们在下面将要看到的那样)。

(4)法律应该是一种在道德上正当的制度;为了让法律符合道德正当性的条件,实际情况应当是 F;因为 F 蕴含 P,故此 P 也符合实际。

德沃金对其所称为"法律惯习主义"的解释,就是这一观点的典型例证。在《法律帝国》中,德沃金将法律惯习主义理解为一种带有描述性结论但在某种程度上又是规范性的理论,亦即这是一种意在基于一些规范性的道德和政治理想而获致关于法律之性质的理论。我将这种观点称为实质规范性实证主义(substantive normative positivism)。[5]

(5)确定究竟是 P 还是非 P 符合实际,必然依赖于一些规范性的道德和政治主张。

这是一个关于法理学之性质的方法论观点。就此而言,它意在反驳哈特关于一般法理学能够是纯粹描述性和道德中立的理论。因此,根据这个观点,实证主义与其敌手之间的部分争论,归根到底必然是一种关于规范性的争论,并且如果法律实证主义可以被辩护的话,那么就必须要建

---

[5] 人们也许会想,这种观点何以不同于伦理法律实证主义。我将会在"实质规范性法律实证主义"一节中给出对这一问题的解释。

立在某些规范性的主张之上,尤其是道德的和政治的主张。

我的目的是要说明前两种版本的规范性实证主义并未对哈特的如下主张构成威胁,即法律实证主义是一种关于法律之性质的描述性和道德中立的理论。第三种观点是十分模糊的——从某种意义上说,它可能是存在问题的;另一方面来看,哈特所实际坚持的那种规范性实证主义则是没有问题的。然而,我主要关注的是后两种版本的规范性实证主义——实质规范性实证主义和方法论的规范性实证主义——并且我坚持认为,无论它们是作为对法律实证主义的阐释还是作为对法律实证主义的批判,二者都是错误的。

在我们开始之前,重要的一点就是要澄清何者不能被算作描述性的法律实证主义——哪些是毫无争议的,或者至少是不应当存在争议的。首先,正如许多当代的法律实证主义者所反复强调的那样,法律实证主义没有任何理论上的理由去否认法律是一种善物,而且我们有很好的理由拥有法律和繁荣的法律体系。[6] 就这一点而论,法律是否具有内在的价值(intrinsic value)是很可能存在争议的。但是,实证主义必然承认法律具有重要的工具性价值(instrumental value),因此每当要求人们使用法律的理由出现

---

[6] See Gardner, "Legal Positivism: 5 1/2 Myths", *American Journal of Jurisprudence* 46 (2001): 199-227.

时,法律便具有工具性的价值或工具性的善。此外,如果说人性或人类社会的本性使得法律之存在成为必然是事实的话,那么法律实证主义也会承认法律必然是善的。如果 E 是我们所必然拥有的一个目的,而同时 L 又是实现 E 的一个必要手段,那么 L 必然就是善的,尽管 L 仅仅具有工具性价值。我并不是说情况一定是这样的,只是法律实证主义没有理论上的理由来否认法律是一种善物。

其次,法律实证主义也没有理由否认法律的内容与道德之间必然存在着交叉。很可能是这样的,任何一个法律体系(尽管它可能是不道德或是邪恶的)都必然拥有一些在道德上能够被接受的内容,或者它必然能够促进一些道德上的善。[7]

最后,考虑一下这段引文(引自坎贝尔):"在法律理论中,法律实证主义一般被认为是这样一种观点,即法律的概念可以在未经诉诸道德的情况下获得解释,并且确定法律的内容以及在不依赖于道德判断的条件下适用法律乃是法官的职责所在。"[8] 该断言的前后两个部分都具有潜在的误导性,重要的是要明白为什么会这样。首先,法

---

[7] 为什么是必然的?这个观点应当是这样的,即一种完全邪恶和彻底不会增进任何价值的政权形式或事实的权威,不能被认为是一种法律命令——也就是说,它完全无法像法律那样运作。我对这个论点并不是十分确定,而且这里我也不想为它进行辩护。作为一个粗略的概括,我倾向于认为这可能但并不必然是正确的。

[8] Campbell, *Legal Theory of Ethical Positivism*, Dartmouth, 1996, p. 69.

律实证主义者持有这样的观点,认为在"未经诉诸道德"的情况下仍然能够阐释法律的概念,我对此表示怀疑。法律实证主义是一种关于法律之性质的理论。它旨在理解和解释法律是什么,是什么使得它成为一种特殊的社会控制工具,它以何种方式在我们的实践推理中发挥作用,是什么使得它成为那种实在的社会制度。如果没有大量的关于法律在我们的文化中所发挥的众多功能和目的的知识,那么根本就无法理解上述的任何一点。一般来讲,如果不知道一个社会实践所追求的目的是什么——也就是它被期望达成什么目的,那么你就根本无法开启对这个社会实践的理解。如果不理解一个社会实践或制度的本质功能或其理论根据,那么尝试对其进行理论上的解释也便是无望的。不难发现,法律在我们的社会中拥有着道德和政治的功能。除此之外,它还旨在被用以解决道德和政治的问题。因此,试着不使用道德概念并且也不摄入一种关于法律所旨在解决的那类道德和政治问题的理解,那么以此来解释法律之性质的那种做法,即使不是没有什么意义的话,那也必将是徒劳无功的。

此种对道德问题之理解的依赖是否必然会隐含一种具有规范性和评价性主张的法哲学,这是一个独立的问题,我在下面将要详细地对它进行讨论。但将以下假设作为起点是错误的,法律实证主义意在成为这样一种关于法律之概念的解释(这里我用对法律的概念的解释来代表一种关于法律之性质的解释),亦即它能够被还原成一种既不包含任何道德术语也不诉诸道德的语言。这非但不可能,而且我也十分怀疑真有法律实证主义者会这么想。[9] 为了阐明这一点,我再一次地否认以下观点,即对于理解法律之性质至关重要的关于道德和政治概念的认识,必然隐含具有特定的道德和政治立场或道德和政治评价的法理学。但是这无疑并不等于是说,法律实证主义意在"未经诉诸道德"的情况下来解释法律的性质。[10] 我稍后会详细讨论这一至关重要的区分。

其次,引自坎贝尔的那段引文的第二部分也同样十分具有误导性。法律实证主义不是一种关于法官之道德义务的理论。在任何特定的情形中,法官是否拥有一项适用法律的道德义务,这是一个道德问题并且只能用道德的理由来回答。此外,在我所知道的法律实证主义者中,没有任何一个人会认为法官在其官方的司法角色中需要对道德置之不顾。司法角色并不是外在于道德责任的。* 也许这就是产生混淆的根源所在:正如在先前章节中所指出的那样,哈特以及其他法律实证主义者已经反复强调法律时常会被用尽,所以法官此时为了解决眼前的案件或为了确

---

[9] 或许,约翰·奥斯丁是一个例外。
[10] 除非"参考道德",即意为依赖于道德判断和评价。
* 原文是"A judicial role is not a vacation from moral responsibilities",其大体意思是说,在法律实证主义者看来,法官在司法裁判中有时是难以摆脱道德责任的拘束,尤其是在那些落在法律边缘之处的疑难案件中,他们需要基于一些道德理由来获得裁判结论。——译者注

定如何变更或修改法律,除了依赖他们的最佳(有时可能是道德的)判断已别无选择。但是就此无论如何也不能得出如下结论,当法律是清晰明了的时候,法官仍然负有一项适用它的道德义务。他们当然具有一项适用它的法律义务[11],但是否存在着一种遵守法律义务的道德义务,这一问题即使对于法官而言也始终是开放性的,而且通常情况下该问题也应当基于道德理由来解决。

伦理实证主义与实证主义的伦理

目前,让我们假定关于法律性质的法律实证主义理论的核心内容,差不多是与前文所描述的那些路径相符的,或者至少在这些核心内容是什么的问题上我们已经达成了一些共识。方法论的问题也因此变成了这样的一个问题,即是否能够从规范性的视角来看待这种核心内容,或者在某种程度上它是否必然是规范性的。我对于坎贝尔的伦理实证主义或者任何与此类似的观点将不予置评。但十分清楚的是,坎贝尔并不打算为法律实证主义作为一种关于法律性质的理论的真实性进行辩护。他其实是在为一种道德和政治的立场辩护,同时它要求某种特定的关

---

[11] 尽管并不是必然的。即使当法律是清晰明了的时候,情况也可能会是这样的,即法官也并不负有一种将法律适用到眼前特定案件中去的法律义务;他们可能依然拥有改变法律的法律权力。

于与其所倡导的实证主义相符的法律和法律实践的愿景（vision）。简而言之，伦理实证主义是一种政治理论，而不是一种关于法律性质的理论。

我们应当提及的与伦理实证主义唯一相关的一点是，它与我此处所要辩护的观点并没有不一致——法律实证主义作为一种关于法律之性质的理论，基本上是描述性的和道德中立的。伦理实证主义并不否认这一主张，因为两者之间并不存在着竞争。"实际情况应当是 P"与"P 符合实际"或"P 是事实"这两个命题是完美契合的。的确，P 符合实际越是显而易见，那么再坚持实际情况应当是 P 也就越显得无趣。但是，再次强调一下，这并不是此处我们所担忧的问题。一般来讲，一个描述性命题的真值，并不受其道德的和规范性认可方面之旨趣的影响。

哈特有关法律实证主义之描述性内容的规范性认可，与此是大大不同的。哈特偶然提及了下述这种类型的规范性主张，即 P 符合实际，并且就此而言我们最好能够认识到这一点。[12] 哈特清楚地认识到，P 存在于一种对社会事实的描述之中，而且还是一种十分冷静（sobering）的描述。法律的效力与道德之间没有必然的联系或者概念上的联系，哈特认为我们越是清楚地认识到这一点，就越

---

[12] See Hart, *The Concept of Law*, 1st ed., Clarendon Press, 1961, pp. 205-206, 以及他的 *Essays in Jurisprudence and Philosophy*, Clarendon Press, 1983, pp. 72-78.

是能够更加容易地对法律进行批判性评价。然而,尤其需要注意的是,哈特从来都不会认为他关于法律性质之主张的描述性内容在某种程度上源自这样一个事实,即相信那些社会事实并认识到它们的重要性在道德上和政治上是有益的。而且理当如此,因为这很明显是一个不合逻辑的推论。从"每个人都相信 P 在道德上是善的"这一事实,并不能推导出 P。[13]

或许还存在着更为普遍的质疑,而这是非常明显的:纵观所有已提出的各种各样的法律理论,有人可能会很快注意到,几乎任何一种关于法律性质的理论总是伴随有该理论的创造者(author)所赋予它的规范性认可。他们看似都在宣称,Q 符合实际,而且在某种意义上这也是一个善物。有人紧接着可能会质疑如下的理论主张,Q 事实上会被那些假定的关于 Q 的道德和政治的诉诸所驱动,或被人们认知的 Q 之真实性的道德优势所驱动。无论如何,否认(特别是关于诸如法律这样一个规范性领域中的)描述性理论经常是被该理论创造者的规范性假设所驱动,这不仅是非常困难的而且也是徒劳无益的。但是,这里应当记住两点。第一,在某种意义上来看,大部分情况均是这样的,而

---

[13] 请注意,我们假定 P 是一系列描述性命题。在这些点上,从各个方面来看,有人可能会联想到麦考密克在一篇文章中的论述,他实际上在从以下命题推导出 P 时犯了错误,即如果每个人都相信 P,那么 P 在道德上就是善的。但是,他将 P 作为描述性命题的构成时,却并不总是那么清晰。换句话说,人们可以解释说麦考密克提出了一种伦理实证主义的形式。See MacCormick, "A Moralistic Case for A-Moralistic Law", *Valparaiso Law Review* 20 (1985).

不仅仅是针对规范性的先入之见而言的。我们通常会首先得出一个哲学性的结论,而在此之前并未形成支持该结论的论证。理性商谈(rationale deliberation)通常是一种在对我们而言似乎是正确的结论和用以支持它的论证或证据之间的连续商议。教条主义的实质,在于根据相反的证据仍然拒绝修正某人的那些最初的、不假思索的结论。批判和哲学审视的一个本质目的,就是要拒斥教条主义。而这就是我们最希望的样子。我们不能避免理论的或道德的先入之见,但应当一直努力对其进行审视,同时我们也应当始终准备着根据一些相反的证据来不断修正我们的最初结论。

第二,也是更为重要的一点,不可否认的是,法律理论产生于特定的知识和政治背景,而这也会时常或多或少明显地受到某种道德和政治愿景的驱动。比方说,正如杰拉德·波斯特玛令人信服地表明的那样,边沁的法律实证主义构成了其道德和政治议程的一部分,同时这也很大程度上受到他的功利主义以及对于法律改革之渴望的驱动。[14] 与此类似,下述情况也可能是这样的,即哈特对法律与道德之关系的关注以及当时关于他的观点的争论,部分地是由知识分子对于第二次世界大战以后的人文关怀

---

[14] See Postema, *Bentham and the Common Law Tradition*, Clarendon Press, 1989. 此外,认为边沁充分地意识到了对于法律事实上是什么的解释与他关于如何使得法律更为有用或有益的论证之间的区分,在波斯特玛看来这并不是完全清楚的。

所促成的。大致来说,纳粹政权下所显现出的守法主义(legalism)以及根据实际需要溯及既往地审判战犯,诱发了一个左右为难的尴尬境地:要么承认法律可以是十分邪恶的,要么坚持道德上如此邪恶之法根本就不能被算作法律。对于那些试图为纽伦堡审判寻求一个守法(legalistic)之正当性证明的人而言,后一选择似乎提供了一个巧妙的解决方案:如果这种邪恶的法律根本就不是法律的话,那么纳粹战犯就无法根据他们口口声声说自己当时所遵守的那种法律来开脱罪名。[15]

哈特清楚地认识到这一解决方案是错误的,并且我们应当通过认识到下面一点来从纳粹政权中吸取教训,也就是说法律并不必然是正义的(just)——法律可以在道德上是邪恶的,但恶法亦法。哈特认为这是我们应该从法理学学到的一个十分重要而又发人深省的政治教训,并且我们应该找到一些更为可靠的道德上的或政治上的根据,以便对如下事实保持警惕,亦即合法性从来都不能够保证正义或者道德正确(moral soundness)。这个观点在一定程度激发了哈特的法律实证主义理论,我对于这一点是毫不怀疑的。而且我毫不讳言地坦承,我恰好认同他这些观点。但是,不管从哪个有趣的意义上来看,这既不能说明法律实

---

[15] 伴随柏林墙的倒塌,以及对民主德国警卫"枪杀"逃往联邦德国之人的起诉决定,而那些警卫口口声声说自己只是服从当时政权的法律命令。在此背景下,这类关怀又重新出现。

证主义是一种规范性的理论,也不能说明其描述性内容的真实性取决于其规范性动机的真实性,如果存在着这样一个动机的话。

简而言之,一个关于法律性质的描述性理论,对真理(truth)提出了一个宣称。在哲学上唯一一个与哲学描述相关的问题是这样的,即它对于真理的宣称是否能够被确证——它实际上是否是真的(true)。这一理论的知识和历史背景,不论它们是道德的、政治的还是其他领域的,都可能帮助我们更好地理解该理论的内容,但是这些都同它的真实性无关。宣称 P 的动机是一回事,而 P 是否为真则是另外一回事。前者是理智的历史学家的工作。而哲学应该对真理感兴趣。

哈特理论中的另一个规范性面向可能看上去问题更大,这就是我前面所提及的第三种版本的规范性实证主义。全面来看,哈特似乎不仅主张对 P 是否为真的普遍性认可在道德上是善的,而且还主张 P 的某些方面的内容在道德上也是善的。《法律的概念》第五章对这一点尤为关注。正如我们在第三章中所看到的那样,哈特关于法律之性质最为重要的主张之一在于,任何成熟的法律体系都是一种初级规则和次级规则的结合。他在《法律的概念》第五章中提出了这个命题,而与此同时他似乎还做了一个补充,即认为这种关于法律性质的主张是值得赞许的,因为次级规则的引入补救了那一仅由初级规则所构成的尚不成熟的法律体系的某些缺陷。因此,次级规则的引入使得法律更加的完善,并且使它能够更好地发挥其社会功能。杰里米·沃尔德伦和斯蒂芬·佩里将此理解为一种规范性论证。沃尔德伦认为,它"使得哈特关于其从事的是纯粹描述性法理学的宣称站不住脚"[16]。

哈特的主张很容易被误解,原因在于它是模棱两可的。让我们考虑一下如下两个命题的区别:

(1) L 是 X,并且这使得 L 是好的。

(2) L 是 X,并且这使得它成为一个好的 L。

如果哈特所作出的主张是第一种的话,那么也许我们应该担心他混淆了一种对法律的描述和对法律的规范性评价。[17] 但是很显然,哈特所做的主张是第二种类型。他并未主张,次级规则的出现使得法律成为一种更好的制度——也就是说,使得法律成为一种道德上更为正当的制度。哈特只是主张,次级规则的出现使得法律能够更好地发挥其功能;这使得次级规则作为法律变得更为有效。这同如下主张是完全一致的,即法律就是法律,而至于其道

---

[16] See Waldron, "Normative (or Ethical) Positivism", in *Hart's Postscript: Essays on the Postscript to The Concept of Law*, edited by J. Coleman, Oxford University Press, 2001, p. 429. 亦见 Perry, "Hart's Methodological Positivism", in *Hart's Postscript: Essays on the Postscript to The Concept of Law*, edited by J. Coleman, Oxford University Press, 2001, 323ff.

[17] 然而,即使在这种情况下,很大程度上还是要依赖于那一主张的确切内容。正如我先前所指出的那样,法律实证主义与法律必然是善的这一命题是相一致的。

德优劣在所不问;或者说这也符合另一个看法,即法律的功能拥有更高而非更低的效率并不必然是好事。换句话说,这并不是一个在相关意义上的规范性主张。举例来说,一把刀是锋利的,并不会使这把刀就是好的(就任何关于"好的"这一语词的规范性和道德的意义上而言)。这仅仅使它成为一把好刀,并且能够更好地发挥它的预定功能。[18]

一些哲学家主张,任何关于法律之本质功能或目的的观点,都使得它自身成为一种规范性的主张;并且由于,正如我们所已经承认的那样,任何关于法律之性质的可行的理论都无法避免对法律在社会中的功能作出此种宣称,他们就此得出结论说,任何关于法律之性质的理论都必须建立在一些规范性假定的基础之上,而法律实证主义自然不能除外。下面我就来详细地检讨这一主张。

实质规范性法律实证主义

在《法律帝国》的第四章中,德沃金试图提出一种对法律实证主义的解释,并基于一些规范性的理由将这种解释

---

[18] 在回应富勒关于法治之美德的理论中,哈特本人十分清楚地表明,这些功能性价值在相关意义上并不必然是道德的或规范性的。参见他的 *Essays in Jurisprudence and Philosophy*, Clarendon Press, 1983, pp. 349-350. 就此而言,我不是说赞同哈特关于法治的美德纯粹是功能性的那一观点。事实上,我对这个观点已经进行过批判。参见文章"The Rule of Law and Its Limits", in *Law in the Age of Pluralism*, Oxford University Press, 2007, chap. 1.

称为"惯习主义"(conventionalism)。然而,如此所面临的一个直接问题是,只有极少数法律实证主义者会将他们的工作看作是在那一章中所描述的那样。因为德沃金并没有把惯习主义归之于任何特定的理论家(在那一章没有提到任何学者),或许他创造出这种观点仅仅只是作为一种友善的建议。如果是这样的话,那么我认为我们需要说声感谢,但却又不能感谢。以下便是原因。

德沃金声称:"任何积极的法律观念,其核心都是对这个问题的回答,即过去的政治为什么能够对当前的权利具有决定性。"[19] 假定这就是主要的问题,那么惯习主义就可以作为一种可能的答案被提出来:"过去的政治决定之所以能够证立强制,是因为并且只有当它们通过以下方式给予了合理的警示,即让强制的情形依赖于让所有人皆可得知的显明事实,而非政治道德的新颖判断,不同法官可能会作出不同的判断。"[20]

这一思路依赖于德沃金的如下论点,即法理学的核心问题在于如何证立国家对集体力量的使用,并且,某些形式的过去政治决定何以能够证立此种强制力量的使用以及这种使用能够达到何种程度。[21] 在此情形下,法律实证主义被作为对该问题的一个可能答案而提了出来。依

---

[19] Dworkin, *Law's Empire*, Belknap Press of Harvard University Press, 1986, p.117.
[20] Ibid.
[21] Ibid., p.114.

我之见,该论证如下:

(1) 法律应该是一种具有正当性的制度。

(2) 为了解释法律的正当性,我们必须对过去的政治决定何以能够证立集体力量的使用这一问题提供一个答案。

(3) 法律实证主义声称对(2)中之问题的回答是由受保护之期待的理想(the ideal of protected expectations)所给出的。

(4) 只有当法律完全地取决于惯习性渊源(conventional sources)时,相关的那种期待才能够被充分地保护。

(5) 因而,将对法律的鉴别与惯习性渊源相联系,是对法律实践的最佳解释。

针对这一论证存在着两种解读方式。第一种是将其视作我们所称之为伦理法律实证主义的一种形式——这种形式是一种道德的和政治的论证形式,即实际情况应当是P。它是这样一种论证,它从一种政治理论的视角中引出类似于法律实证主义之类的东西——这一视角解释了法律在社会中的作用,以及为了实现道德上的正当性法律应当如何实践。然而,正如我所坚持认为的那样,伦理实证主义与描述性法理学并不冲突,因而也不能驳倒后者。此外,我认为这并不是德沃金头脑中所想的。德沃金之所以提出惯习主义,是想把它作为一种对法律实践的可能的解释,尽管这最终被证明是错误的,而并不单单只是把它作为一种法律应当如何被实践的建议。

但紧接着这里有一个更为棘手的问题:我们如何能够从对道德正当性问题的回答中获得一个描述性结论。换句话说,即使我们遵循德沃金的前四步论证,而从步骤(4)再到步骤(5)依然有些神秘。如果(5)想要得出一个描述性内容的话,那么这无法从(4)中推导出。实际情况应当是P,并不能简单地推导出P符合实际。(请注意,如果(5)是以规范性的术语被加以理解的话,那么我们便回到了伦理实证主义及其与我们所关心的不相关的那些问题。)当然,如果我们用——

(1a)法律是一种具有正当性的制度。

来置换前提(1),那么它将变成一个不同的论证。由此,或许像(5)那样的命题从某种程度上讲是能够得出来的——并不是直截了当地,而或许是作为一种对法律之正当性的可能解释被推导出来。但这一假定是不能为法律实证主义所认同的。法律是一种道德上正当的或获得正当性证明的制度,以这一假定作为起点的理论都不可能与任何形式的法律实证主义联系在一起。法律实证主义最重要的洞见之一在于主张法律是一种社会政治工具,并且就此而言,它既能被用来为善又可以被用来作恶——它能够被正当或者非正当地使用。当然,我们能够拥有一种关于是什么使法律在这种或那种情形下得以正当化的理论,但是这种理论肯定不会是一种关于法律之性质的理论。它是道德政治理论的一部分,是关于什么造就了善的或正当的法律而非关于法律是什么的理论。

概括一下这个问题就是:如果我们以是什么使法律得以正当化的这一问题为起点的话,那么我们就不能用关于法律是什么的结论来作为结束。并且如果我们将法律是正当性的这一假定作为起点的话,那么我们就不再是处于法律实证主义(或者,就此而言任何其他的描述性法律理论)的领域之内了。

毋庸置疑,德沃金将会回答说,我忽视了他对于解释是什么的说明,以及这样一种关于法律实践的解释如何必然地将描述性的要素与评价性的要素结合在一起。在下一节中,当我们考察德沃金版本的方法论论证时,我很快会讨论这一点。

方法论的论证

哈特在《法律的概念》后记中,再次强调了他对于法律之性质的说明是"描述性的,因为它在道德上是中立的,不以任何证立为目标;它并不寻求通过道德或者其他的理由,去证立或者评价我在一般性说明中所描述的法律之形式和结构"[22]。这里我想讨论的有关方法论论证的要点在于,这种追求在概念上是具有误导性的,并且无论如何都是不可企及的。任何对于法律之性质的法理学说明,都必须以关于法律的道德的或者其他评价性观点为前提。这一论证有三个主要版本。第一个版本是由斯蒂芬·佩里所提出的,它依赖于对法律之功能进行说明的必然性。第二个版本是由德沃金、迈克尔·摩尔和沃尔德伦所提倡的,它关注于法律这一事业的性质及其本质上的评价性预设。最后一个版本是由前述四位学者以及其他学者所共同主张的,它关注于哈特本人对于内在观点的看法,以及它对于理解法律的重要性。我将依据这一顺序分别讨论这三种论证,并且我将试着说明它们都失败了,而且是基于一些相似的理由。

基于功能的论证

下面的这个引述最好地体现了佩里的论证:

> 法理学需要一个概念框架。困难之处在于,这些论据(data)能够被不止一种方式所合理地概念化,而在不同的概念化形式之间进行选择,似乎需要赋予法律一种本旨(point)或功能。这反过来就不仅涉及了

---

[22] Hart, *The Concept of Law*, 2nd ed., Clarendon Press, 1994, p. 240.

评价性的考量,而且还有道德论证。[23]

我已经承认了这一论证的第一个主要的前提。事实上的确如此,如果离开了对法律在社会中的本质功能的详尽了解,我们便无法合理地理解像法律这样的复杂的社会实践。剩下的唯一问题在于,为了理解法律的主要功能或本旨(正如佩里所主张的),为什么就一定要将道德论证牵涉进来?

让我们假定,我们想要理解一种社会实践,这大体上好比哈特所主张的由社会规则或惯习所构成的实践。佩里十分正确地指出,单单了解这些规则并不足以解释这一实践。至少,我们还必须要理解它们的本旨。例如,离开了对于更为一般意义上游戏是什么以及玩游戏的本旨是什么的理解,我们就不要指望能够理解象棋游戏。其中我们必须要理解参与者的目标在于赢得游戏,这意味着我们必须要理解赢得(或者输掉)一场游戏的复杂观念,并且要理解赢得决然(decisively)或从容(gracefully)或者赢得勉强(barely)等这样的细微差别。换句话说,确实是如此:对于一种规范性社会实践(诸如法律、游戏等)的理解,必须包含着一种对其功能或者本旨的理解,也经常包含着对那些使得参与者对其行动理由的相关信念变得清晰可辨

---

[23] Perry, "Interpretation and Methodology in Legal Theory", in *Law and Interpretation*, edited by Andrei Marmor, Clarendon Press, 1995, p.123.

的价值的理解。无须赘言,这些意图和信念可以接受批判性的审查。某人可能想说,这些公认的价值(putative values)并不值得追求,原因在于它们是愚蠢的或错误的,或者相反这一实践可能有着其他更值得追求的价值。但是,这种批评仅仅只是批评者决定作出或不作出的一个选择。理解象棋游戏是什么这是一回事,而决定玩象棋游戏是不是一个好的想法则完全是另外一回事。

例如,考虑一下对于一项社会规则的某种直接的功能性解释。假定我们能够说明,某个特定社会 S 中的某一社会规则 R 的功能或者合理根据(rationale),在于解决 S 中的成员在环境 C 下所遇到的反复出现的协调难题。解决这一反复出现的协调难题,也就是解释在环境 C 下遵循社会 S 中的规则 R 的合理根据是什么。这种解释将通常依赖于某些有关事实问题的命题,诸如相关环境的性质,人们实际的信念和偏好,以及就这些事实性假定而言规则在其实践理由中的功能或者合理根据。然而,在这里想要找到道德论证隐藏于何处,你将发现这是十分困难的。这一解释无须据理力争,从道德的意义上讲规则 R 所要解决的协调难题是一个应当被解决的难题,或者说它能够为遵循 R 提供一个道德证立。考虑到 S 中成员所处的环境、拥有的偏好等,这仅仅解释了对于他们而言 R 的功能是什么。一种关于社会实践之功能的描述性说明,并不需要依赖于任何有关道德优劣或者功能或目的之价值的特定观点,而这会使得上述实践变得具有意义。

佩里的论证依赖于这样一个假设,亦即一种对于(诸如法律)实践之功能的说明,要么是一种"因果解释",要么"在本质上是道德的:它植根于一种对道德本旨和法律制度之价值的特定理解中"[24]。但是这很显然是一种错误的两分法,这种错误体现在两个方面。第一,制度的"本旨或价值"并不必然是道德性的。不计其数的活动和实践服务于某一本旨或者价值,但是这些价值却与道德毫不相干。可以说,法律制度的本旨或者价值如果与道德关注有关系的话,那么也只可能是一种很小的关系。第二,也是更为重要的一点,即使我们认为某个制度服务于一些道德价值,也仍然无法得出这样一个结论,对于这些价值及其何以使得上述制度合理化的说明就其本身而言是一个道德的说明。例如,假定我问自己我们问候他人的那种惯习的本旨或目的是什么;并且假定,我主张它们的本旨与对我们熟识的人表示尊重或者表达对他们价值的认可这样的需要有某些关系。我并没有提出任何下述这样的观点,即能够将其称为一种对于问候惯习之实践的道德证立。我可以妥当持有这样一种观点,即用这种方式表达尊重并不能在道德上被确证——也就是说它并不是一种在道德上值得追求的目的。换句话说,如果某一实践从道德上来

---

[24] Perry, "Interpretation and Methodology in Legal Theory", in *Law and Interpretation*, edited by Andrei Marmor, Clarendon Press, 1995, p.114.

讲并不能被确证,那么一种对于这一特定实践之本旨或目的的功能性解释也就没有失败。如果这一解释碰巧在事实上是错误的,唯有此时它才可能失败。

佩里所依赖的这种错误的两分法,或许来自我们运用功能性解释的方式所带来的某种含混性。例如,考虑一下我们使用"有用性"(usefulness)这一概念的各种方式。当我们说"X 是有用的"时,我们想要表达一种对于 X 的目的的积极认可。例如,如果某个人说:"手机是非常有用的",我们会自然地认为说话者相信或者暗示手机服务于某些好的目的。但是情况并不总是这样的,同时也不必然是这样的。例如,通过主张那把刀子的锋利性使得它更为有用,我们并没有致力于对刀子的使用进行评价。一把锋利的刀子,对于切面包更加有用,它对于杀人也更加有用。简而言之,功能性解释并不必然使其成为对该对象预设功能的认可。[25]

基于解释的论证

这种关于某一社会实践的因果解释和道德评价之间的错误二分法,有时也弥漫于德沃金的方法论论证之

---

[25] 朱莉·迪克森虽然并不关注佩里的论证,但她仍然发展出了一种类似的推理路径,以驳斥这种方法论的挑战,参见她的 *Evaluation and Legal Theory*, Hart Publishing, 2001。

中。[26] 但是我相信为了避免上述二分法的谬误,我们仍然可以提出一种关于它的更清晰的版本。杰里米·沃尔德伦就提出了这样一个版本,它依赖于三个主要前提。第一,确定某些类型的规范性主张是否是法律主张——它们是否构成了法律的一部分,这是法理学的一个中心问题。第二,如果不根据我们对于"'某些东西是否可以被算作法律为什么是重要的'的理解检验各种不同的理论",这一争论就无法被合理地呈现出来。[27] 第三,沃尔德伦主张,对这个"为什么"之问题的答案必定是规范性的;它必定要依赖关于什么使得法律是好的并且值得我们欣赏的某些观点。因此,沃尔德伦得出这样一个结论,认为法理学必然依赖于规范性的考量。[28]

这是一个非常重要的主张,还算是令人信服的。事实

---

[26] Dworkin, *Law's Empire*, Belknap Press of Harvard University Press, 1986, p. 64.

[27] Waldron, "Normative (or Ethical) Positivism", in *Hart's Postscript: Essays on the Postscript to The Concept of Law*, edited by J. Coleman, Oxford University Press, 2001, p. 420.

[28] Ibid.,在这一点上,沃尔德伦没必要过于苛求自己。他认为这个论证使他要对以下观点作出承诺,即"如果想在规范性模式下建构实证主义法理学,那么我们就必须将法律视为一种好的东西"(第428页),而且他正确地认识到这一主张是否还不够强。但是我根本没有看出他是如何贯彻这个强意义的观点的。这一论证要求他作出的全部承诺(或许与德沃金的论证截然相反),是说规范性法律实证主义必须拥有某些关于是什么使得法律是好的或坏的的观点——这些观点能够解释为什么将法律主张与其他规范性主张区别开来是重要的。但这并不等同于将法律视为一种好的东西。试想一下,有人认为法律实际上是一种坏的东西。这也给了他一个很好的理由,力图将法律是什么与法律不是什么区分开来。

上,我认为前两个前提是十分正确的。不可否认的是,什么使得某些类型的规范性主张是法律主张而其他则不是,这是法理学中的一个中心问题。从根本上说,这个问题是关于法律效力之条件的争论的根本所在。我们想要理解是什么使得某些规范具有法律效力。我认为沃尔德伦的如下观点是正确的,即坚持认为这种理论争论只有在理解它为什么重要——某些东西是不是法律规范为什么是重要的——的背景下才会有意义。所以让我提出一个答案:这个问题对于我们这样的理论观察者来说是非常重要的,原因在于我们想要理解法律是什么,从而以此区别于其他类型的规范,并且区别于法律应当是什么。(注意,对于法律实践的参与者以及法律秩序的服从主体来说,这可能是出于其他方面的原因;我将很快讨论这个问题。)

现在你们或许认为我只是把这个问题向前推进了一步。我们为什么想要理解法律是什么这个问题,相反而不是我们本可以追问的其他数之不尽的问题呢?这不是一种规范性的立场么?当然了,这不如任何其他对于理论探究的追求。理论问题通常是在某些(什么是需要解释的)假定的背景下出现的。我们对于什么需要解释的判断通常是路径依赖的,它们产生于学科历史以及某些久而久之被聚合而成的(关于什么在理论或实践上是重要的)观点。[29]

---

[29] See Raz, *Engaging Reason*, Oxford University Press, 1999, p.159.

无可否认的是，任何关于相关重要性（relative importance）的观点都部分地是规范性的，但如果这就是沃尔德伦所思考的那种唯一意义的规范性，无疑这再平凡不过了。任何特定领域的任何理论在这一点上都是规范性的。然而，沃尔德伦的主张并不会支持下述结论，即如果我们对于理解的寻求离开了一种道德的说明，那么我们就无法理解对一种有关法律效力之理论进行阐明的理论重要性。那么，为什么我们对于法律性质的兴趣就必然要由道德关注来引导呢？

德沃金对这个问题可能会给出一个有趣的答案。它把对于法理学解释性性质的强调同它所意在解释的那一实践的评价性和规范性本质结合在了一起。让我对此解释一下。德沃金有关方法论主张的要点是非常简单的。首先，它假定法理学必然是一种对法律（作为一种社会实践）的解释。第二，它主张，所有这类解释在本质上都是承载价值的（value laden）。正如我们在前一章所看到的那样，就其本质而言，解释必然依赖于评价性判断。因此，法理学必然是评价性的。

批驳这种推理的一种方式是拒绝它的第一个前提，因为它好像利用了一种非常关键的模糊性。"解释"这一语词有一种非常宽泛的意义，当然会使以下主张听起来似乎有道理，即任何对于法律性质的哲学说明都必然是解释性的。但是就这种宽泛而又非严格意义上的"解释"而言，差不多任何理论说明都会是解释性的。设想这样一个动物学家,他试图弄明白为什么猿猴会花费大量时间来互相梳理身上的皮毛。当然,从某种清晰的意义上讲,这个动物学家是在尝试解释猿猴的行为。或者说,沿着德沃金所提出的建构性模式的路线,"解释"可以获得更加狭义的理解。现在的问题是,在前一种情况中,由于任何解释在此一宽泛意义上是否必然是评价性的尚不清楚,结果本旨并未获得证明。(再次想一想动物学家的例子。她并没有对任何事物作出评价;她只是试图弄明白猿猴行为的生物功能。她无疑并不想要将它们的行为以其最佳的形式展现出来。)然而,如果我们采纳一种狭义的、部分的具有评价性意义的"解释",我们是否必须承认任何关于法律性质的哲学说明都必然是"解释性的",这一点远不明朗。我认为这是一个深感忧虑的问题,但此处我就不再进一步展开了。即使我们慷慨地承认它的(大部分)主要前提,德沃金的主张仍然是失败的。

正如前一章所指出的那样,德沃金关于解释的最重要的洞见之一,在于他认为评价对任何解释事业都是必不可少的一方面。他正确地宣称,如果没有首先形成一种关于相关文本所属之类型的内在价值的观点,人们甚至都无法开启对一个文本的解释。毕竟,如果对什么使得一部(比如)小说是好的或坏的、比其他的更好等没有一个很好的认识,那么我又如何能够开始形成一个对于这部小说的解释呢？某种特定的关于文本所属之类型的内在价值是什么的想象，对于试图解释属于该种类型之文本的解释是至关重要的。德沃金宣称，解释者必须对她所意在解释的实践中的那些内在价值，形成她自己的评价性判断。德沃金主张，这种判断在本质上并非不同于实践者自己的评价性判断。[30]

然而，至少就法律这样的社会实践而言，最后的这一步并不是那么地顺利。形成一种关于某种特定实践中内在价值——也就是使得这种实践对其参与者而言变得合理的那些价值——的观点和对这些价值作出评价性判断之间，存在着一种至关重要的区别。一个人类学家可以形成如下理论观点，即某种仪式对于它的实践者来说是有价值的，原因在于它增进了社会凝聚力，而无须对这一社会凝聚力的价值形成任何特定的判断，然而也不会形成与她所研究对象的评价性判断相竞争的那种判断。类似地，一个法哲学家会提出法律在本质上是一种权威性的指令，而无须信奉任何关于法律权威的正当性或其道德价值的特定观点。形成一种能够解释某个特定社会实践的目的或价值的理论观点，并不等于是形成一种对于它的评价性判

---

[30] Dworkin, *Law's Empire*, Belknap Press of Harvard University Press, 1986, p.64. 沃尔德伦在其文章中也提出了一种十分类似的观点，See Waldron, "Normative (or Ethical) Positivism", in *Hart's Postscript: Essayson the Postscript to The Concept of Law*, edited by J. Coleman, Oxford University Press, 2001, pp.425-426.

断——也不等于后者是由前者所产生的。

可以说,关于社会实践的各种不同的理论解释,面对着不同的方法论限制。可以推测,即使相关主体不可能将一种对某些形式的人类行为的因果和科学的解释看作是对其自身行为的合理化,这也并不必然有损于该种解释。一种哲学性解释就此而言很可能是不同的。或许一种哲学分析必须是这样的,它以参与者至少在原则上能够认可的术语来解释这种实践,而这些术语向他们解释了那一实践的本旨是什么。即便如此,这种解释也无须立基于道德判断或其他的规范性判断,而这些判断就其所可能拥有的范围内会与实践参与者的判断相竞争。

换句话说,理解一种价值和对它形成一种规范性判断之间存在着一种至关重要的区别。人们可以理解他人所持有的价值,理解那些价值的本旨——它们的意义等——但无须对那些价值形成任何他们自己的判断。举例来说,我可以理解对天主教的颂扬形成了反宗教改革(Counter-Reformation)的巴洛克式建筑*的本质目的,而我自己无须崇拜天主教(或者关于这种巴洛克风格),或者对

---

* 巴洛克建筑起源于17世纪的意大利,将原本罗马人文主义的文艺复兴建筑,添上新的华丽、夸张及雕刻风气,彰显出国家与教会的专制主义的丰功伟业。其特点在于,一方面有着更强烈的情绪感染力与震撼力,另一方面炫耀教会的财富与权势。文艺复兴为意大利宫廷带来财富与权势,它是世俗与宗教力量的结合。巴洛克,至少在初期,则是与反宗教改革有直接关联的。代表性的建筑主要有圣彼得大教堂、罗马耶稣教堂、罗马圣苏珊娜教堂等。——译者注

这些评价性方案拥有任何特定的评价性判断。

在一个明显的意义上,这无疑是十分不准确的。我们对于价值的理解受限于我们自己过去的经验以及概念和评价性框架。有时候人们可以通过学习来理解新的价值,但这是相对比较罕见的,因为它需要时间和精力,而且学习也可能未必会成功。这难道意味着我们永远都无法理解那些外来文化中的价值吗?并不必然如此。[31] 然而,它确实意味着,学习的新价值与我们所已经知悉的价值以及我们所已经熟知的价值是相关的,这必然会使我们理解价值的能力在一定程度上受限于且依赖于我们自己的经验和文化。尽管如此,理解一种价值和对它形成评价性判断之间的区分仍然是有效的。我们理解其他文化的价值或实践的能力受限于我们自己的文化背景和评价背景,这个事实并不意味着理解必然沦为(相关种类的)判断。此外,如果这个区分是有效的话,对以下问题的理解将变得十分的困难,亦即为什么作为理解法律实践之尝试的法理学必须要从事像德沃金和沃尔德伦所设想的那种道德评价。

基于内在观点的论证

将基于解释的论证继续往前推进一步是有可能的。

---

[31] 比如,See Raz, *Engaging Reason*, Oxford University Press, 1999, p. 157.

很多法哲学家坚持认为,它造成了一个十分重要的差异,亦即我们所旨在理解的那一实践就其本身而言是一种规范性实践——它旨在指引人们的行为,并且为他们的行动塑造理由。毕竟,正是哈特本人在法哲学中引入了如下观念,即任何对法律所做的适当的解释都必须将"内在观点"——该实践参与者所持有的规范性观点——考虑进来。忠诚的实践参与者(多半是法官和其他官员),将法律规则视为其行动理由。因此,至少在某些方面,他们必然将法律视为有价值的或正当的。

这是无可否认的事实。如果我们不将忠诚的参与者的观点考虑进来,我们的确无法获得一个关于法律的适当理解;同时,忠诚的积极参与者也的确通常将法律看作是能够为其提供行动理由的东西。毫无疑问,至少部分地在一种道德和政治的意义上,内在观点是规范性的。[32] 但仍然需要说明,为什么对这种规范性观点的哲学理解需要承诺对所意在解释的价值或规范性预设采取某种立场。它为什么不能够继续保持本质上的描述性和道德上的中

---

[32] 事实上,至少就它能够被以道德术语来加以理解而言,哈特拒绝这个最后的结论。哈特坚持认为,即便"当法官们……作出忠诚的陈述……这也并不意味着他们必须必然地相信自己此时负有一种道德义务"。参见他的《论边沁》(*Essays on Bentham*, Clarendon Press, 1982)一书,第161页。我对于这一争论的核心有些质疑。如果我们假定,看似合理的是,做 φ 的理由包含了 φ 是有价值的,或者做 φ 将会带来某些有价值的东西,那么忠诚的参与者必然相信服从法律的理由是这样的一些理由,它们必然来自一些法律所增进的价值。我倾向于认为,无论我们是否必然把这些价值归为"道德的",这都是无关紧要的。不管怎样,道德有着非常模糊的边界。

立性？你可能还记得在第三章中，哈特关于内在观点的看法事实上是要说明，认可内在观点的重要性并不排除一种对它的还原性解释。我们可以通过说明主体是如何将法律指令视为其行动理由的，来解释法律是如何指引其主体之行为的这一问题。并且，我们可以如此说明，而无须接受那些主体自身的评价性观点。

设想一下，与某一特定个人的慎思相类比。假定我们想搞清楚为什么萨拉参加了某个特定的活动——比方说，定期参加洛杉矶爱乐乐团的音乐会。如果不知道她个人的观点——她可能有理由对古典音乐感兴趣，又或许她只是很看重在音乐厅中的社交，而这可能构成了她参加音乐会的一个充分理由——那么就很难理解她的行为。不管怎样，对她的行为的说明应当建立在其行动理由的基础之上。但是，我需要从自己的评价性视角来评判那些理由吗？我对于萨拉的推理的说明，在根本上必须要依赖于评价性判断吗？或者，依赖于其他一些与她的评价性判断相竞争的评价性判断吗？似乎没有什么能够迫使我们得出这个结论。再次重申一遍，这一对立的观点似乎源自一种混淆，它混淆了对一个价值或评价性推理的理解与形成一种对它们的评价性判断。正如我所已经坦承的那样，对于我们能够理解的价值和评价性推理而言，存在着一些内在的限制。在某种程度上讲，我们理解这些事物的能力，形成并且受限于我们自身的评价框架和文化习惯。但是这并不等于甚至也不接近于这样一个结论,也就是说对评价性推理的任何理解必将沦为判断。

德沃金的回应并不难推测。他可能会说,我对于萨拉的推理所尝试进行的说明本身就是一种解释,并且就这一点来说,它必然想要将解释的对象作为其所属类型中的最佳可能例证以其最佳可能形式展现出来。一种将某事物以其最佳方式展现的尝试,通盘考虑下必然依赖于那种将会同我们所意在解释的判断或推理相竞争的评价性判断。但是这里我们必须将它们分离开来。正如我在前一章中所主张的那样,解释就其本质而言必须经由通盘考虑而将它的对象以其最佳可能形式展现出来,这一假定是有问题的。而离开了这个关键性假定,上述那一论证就是无效的。此外,我认为那些极少数依赖于内在观点而进行论证的人,在这一点上分享了德沃金关于解释的观点。然而,他们必须提出一个替代性的论证以填补此处的空缺。

可能以下的观点会有所帮助。哲学家 W. B. 加利在一篇很有影响力的论文中指出,存在某些特定的概念——诸如民主、艺术或者正义——他称之为本质上可争议的(essentially contested),基于此人们往往对他们所共享的概念(concept)有着一些相互竞争的观念(conception)。假设有人可能会主张,像民主或者艺术一样,"法律"是一个本质上可争议概念。参与者基于不同的而又相互竞争的关于法律概念的观念,能够将他们对于法律及其遵守法律规则之理由的规范性态度进行合理化。大致沿着加利的分析所提出的路线,如果说法律的概念是一种本质上可争议的概念,那么这将会是有意义的。[33] 难道这不就能推论说,正如任何有关正义的理论或民主的理论必定是规范性,对内在观点的任何说明都是规范性的吗?这些理论想要为一个可争议概念的特定观念进行辩护,而这一特定观念也不可避免地与其他规范性观念相竞争。

为了评价上述那一论张,值得提醒我们自己的是,本质上可争议的概念是什么。根据加利的看法,存在着五个条件*:(1)这个概念必须是"评价性的",因为它代表了某种有价值的成就(valued achievement)。(2)这个成就必须是内在复杂的,并且(3)任何对成就之价值的说明,都必然涉及其不同部分或特征各自的重要作用。(4)这一公认的成就,根据变化了的环境必须容许被加以修正。以及,最后(5)每个参与者都意识到,他自身对于这个概念的理解是与其他参与者的理解相竞争的。[34] 加利所举

---

[33] Gallie, "Essentially Contested Concepts", *Proceedings of the AristotelianSociety* (1956):167.

* 这五个条件亦可被相应地归纳为,评价性、内在复杂性、多元解释性、开放性以及相互竞争性。其中,针对第五个条件,加利的原本表述与此处稍有些不同,他将第五个条件描述为:该概念的各种不同用法,各具攻击性也具防守性,只有在相互竞争中才能获得发展。此外,他还提出了两个附加的条件,即该概念是从一个为大家所公认的"原初范例"中衍生而来的,以及以不同方式运用该概念的使用者努力争取承认,持续的竞争使得原初范例所指涉的成就能够获得最佳的维护与发展。——译者注

[34] Ibid., pp.171-180.

出的本质上可争议概念的例子,包括民主、艺术、社会正义以及"基督徒的生活方式"诸如此类的事物。我们能够将法律的概念纳入这个群组之中吗?

我认为不能,因为法律就其相关方面而言在加利的意义上是一种"评价性"概念,这一点还远远不够清楚。我们必须注意,法律效力的概念及其条件才是我们兴趣关注的焦点所在。合法性或者法律的效力,基本上是一个阶段分类性(phase-sortal)的概念*:规范要么在法律上是有效的,要么在法律上是无效的;它们要么归属于法律,要么不归属于法律。法律效力并非是这样一种成就,即人们能够达到或不能达到一个更高或较低的程度。事情可以或多或少是正义的,或者或多或少是精美的,但这类评价我们并不能归之于法律的效力。当然,制定良法是一个成就,并且一些法律比另一些更好——但显然这并不是就法律效力本身而言的。良法之所以好,是因为它增进了某些善,而并不是因为比之于其他可供选择的事物它更合法或者看着更像法律。

我并不想否认,一个人在制定法律上可能是失败的,

---

* "阶段分类性"在中文语境下是一个相对令人费解的概念,其基本含义是指必须要在两种不同的事物之间存在着一个明晰的界限,必须要在它们之间作出非此即彼的选择。就此处而言它的意思是说法律的效力只可能存在两种可能,也就是说它要么是有效的要么是无效的,而不可能存在着任何第三种可能,用马默的话说就是不具有"程度性",我们如果说某个规则是部分地有效或者部分地无效便是很难让人接受的。——译者注

或者在某种意义上合法性容许有成功的程度。很多在法治这个问题上有所着墨的法哲学家(包括我自己)都赞同如下观点,存在着很多导致一个人在制定法律上失败的方式。[35] 法律为了实现其指引人们行为的这一关键功能,它就必须要满足某些条件。法律作为一种社会工具,其指引人们行为的能力使其为了实现这一功能而必须拥有某些特征,至于其具体的内容是什么则在所不问。于是从某种意义上说,成功或者失败就此而言是一个程度问题。但是这与基于内在观点的论证毫不相干。首先,即使从某种意义上说"合法性"是一种成就的形式,这并不能自动地使它成为一个本质上可争议的概念。其次,并且也是更为重要的,这并不是我们所关心的那种相关意义的合法性。正如我们所已经看到的那样,法律实证主义与其敌手之间的争论,主要是关于法律效力的条件;它主要是关于法律是什么这个问题,以及是什么使得特定的规范而非其他规范具有法律效力。就此而言,"法律"并不是一个评价性概念,且因此也并不是一个本质上可争议的概念。[36]

因此,是什么使得参与者和理论家能够对法律的概念

---

[35] 参见我的文章"The Rule of Law and Its Limits", *University of Southern California Law and Public Policy Research Paper*, No. 03-16, April 2003, 以及该文的参考文献。

[36] 对于一个类似的论证,主张法律并不是一个本质上可争议的概念, See Green, "The Political Content of Legal Theory", *Philosophy of the Social Sciences* 17(1987): 16-20.

拥有相互竞争而又在本质上可争议的观念呢？我认为那并非法律的概念本身，而是良法或者正当之法的观念，在某种意义上它们才是一种本质上可争议的概念。换句话说，从参与者的视角看，法律应当是正当的和有正当理由的。在我们的社会中，我们有很好的理由来关注法律的正当性。由此，我们可能会有——正如我们所已经拥有的——一些关于下述问题的观念，即正当性的道德和政治条件究竟有哪些，以及是什么使得很多的法律比其他一些法律更好或者更坏。但即便是以内在观点出发，这仍无法说明法律的概念是一个本质上可争议的概念。

综上所述：一种关于法律之性质的理论必须要说明内在观点。它必须解释参与者在何种意义上将法律视为他们自身的行动理由，以及使得此种理由明白易懂的那类目的或价值是什么。但这依然是一种形式的理解而非判断。我们能够理解各种不同形式的实践推理，而无须形成对它们的任何评价性判断。而如果我们无须形成关于这些推理的判断，那么法理学依然在根本上是描述性的和道德中立的。

建议进一步阅读的书目

Dickson, *Evaluation and Legal Theory*.

Dworkin, *Justice in Robes*.

Raz, "The Argument from Justice, or How Not to Reply to Legal Positivism", 313.

Raz, "Two Views on the Nature of the Theory of Law: A Partial Comparison", 1.

Waldron, *Law and Disagreement*.

Waldron, "Legal and Political Philosophy", 352.

第六章　法律的语言

哈特十分清楚地认识到,语言哲学在阐明法律的某些方面上所扮演的重要角色。纵览哈特的著作,他十分清楚地指出,他将一种对语言的理解视为其理解法律之方法的核心。[1] 一些批评者误解了他的这种方法论观点,他们声称哈特所追随的只不过是一种对法律这个语词之意义的日常语言分析。事实上,哈特不仅没有从事对法律这一语词的语言学分析,而且他也明确地否认这种努力能够有所成效。[2] 基于一些不同的理由,语言哲学对于理解法律而言是极为重要的。正如我们在前几章中所看到的那

---

[1] 比如,参见他已经出版的就职演讲,Definition and Theory in Jurisprudence, in Hart, *Essays in Jurisprudence and Philosophy*, Clarendon Press, 1983, chap.1;以及他的 *The Concept of Law*, 1st ed., Clarendon Press, 1961, chap.1。

[2] Hart, *The Concept of Law*, 1st ed., Clarendon Press, 1961, p.204. 认为哈特的理论旨在对"法律"进行一种语义学分析,这一观点是由德沃金所提出来的,参见他的 *Law's Empire*, The Belknap Press of Harvard University Press, 1988, chap.1.

样,法律是由权威性指令所构成的。法律的内容相当于各种不同的法律权威所传达的内容。当然了,各种权威使用一种自然语言进行传达。因此,一种对于语言传达如何进行的理解,并且特别是在多大程度上它是由语言的语义学和语用学方面所实际地决定的,才是理解法律是什么的核心所在。

这一章主要关注在理解法律的内容时语言所扮演的角色。第一部分的论证主要是由第四章遗留的问题所促成的。正如我们在那一章中所看到的那样,德沃金认为对于法律内容的理解总是一个解释的问题。由于他认为,解释部分地但又必然地是一个评价性的问题,对于法律所规定的内容是什么的理解必然依赖于评价性考量。如果这是正确的话,那么德沃金认为法律实证主义在根本上是有缺陷的结论也相应地是正确的。但是,德沃金有关解释在理解法律规定了什么这个问题上的角色之假定是有问题的。因此,该论证的一个主要目标,就是要说明为什么那种认为解释无处不在的观点(正如德沃金的论证所假定的那样)是没有意义的?我们将会看到,解释对于理解法律规定了什么而言只是一种例外情况,而不是理解法律内容的标准情形。本章的另外一个目的是想说明,我们为何以及何时需要解释,并且是什么使得法律内容在某些情形下是不确定的(indeterminate)。无须赘言,这两个论证是彼此相连的。如果我们能够更好地理解法律不确定性的特定来源,那么我们就能够更好地理解法律确定性的范围。

我们总是在解释法律吗?

在结束了一两周的课程之后,法学院一年级的学生都会十分惊讶地发现法律是何等的不确定和不清晰;因为他们在进入法学院时,都认为存在着一种他们将要学习的关于法律的知识体系,并且这种知识体系是已经摆在那儿的,是已经被写进成文法和司法判决中的。然而,在法学院的第一年的学习结束时,学生会发现几乎没有什么关于法律的东西是清晰的,而法律完全取决于法院对它所作出的解释,同时一个律师所能够做的至多就是对相关法院将如何判决作出一种有根据的猜测。他们趋向于认为一切都是可争议的(up for grabs)。但是紧接着,一旦他们到了律师事务所当了律师开始从业时,就会发现那一想象是颠倒过来的。律师们很快就发现,大部分诉讼并不是关于他们在法学院所学习的各种疑难法律问题,而是关于单调乏味的事实问题——即实际上发生了什么,谁说了这句话或者谁做了那件事。再随后,他们会注意到他们所处理的绝大多数案件都是在庭外被解决的,而这其中的主要原因就在于法律是足够清晰的;通常情况下,人们所争议的往往是事实。[3] 因此，真实情况是这样的，外行人关于法律是何等的确定的想象以及法科学生关于法律何等的不确定的感想，都是被曲解的。法律远远比普通人所想象的要模糊，但却比法科学生所想象的要清晰，因为学生们学习生涯的大部分时间都在关注那些倾向于被提交至上诉法院的难办案件(difficult cases)或疑难案件(problematic cases)。

这里所讨论的论题拒绝承认以下的这个常识在根本上是错误的，即在大部分案件中法律的规定是足够清晰的，而在另外一些案件中则需要对法律的规定作出解释。在更深的层面上，一些律师和哲学家宣称法律从来都不是清晰的；确定法律实际上规定或者要求了什么一直都是个解释的问题。让我们开始尝试着理解是什么催发了这样一种观点；法律总是受制于解释，为什么一些哲学家会被这一观点所吸引？毕竟，这个观点似乎公然挑战了我们的日常经验。当我们进行一段日常会话时，以下情形明显有悖于我们的经验，即言说者每说一句话就停顿下来一次，而这时听者便会思考如何来解释刚刚所说的话。在通常会话的情形下，我们只是听到了表达并且由此理解他说了什么。那么，是什么因素催发了这种反直觉的观点，即为何我们总是需要解释，或解释总是以某种方式存在着？

---

[3] 当然，庭外解决有时是由这样一个事实所诱发的，即通过诉讼来澄清一个法律争点将会是十分昂贵的。

我认为有两种诱因在发挥作用。一种来源于有关语言交往的一些一般的并为我们所熟知的观点，另外一种则来源于某些法律自身所独具的特性。让我依次来讨论这两种观点。言说者所传达的内容通常部分地是由某些语境性因素和规范性因素所决定的，这是自然语言为我们所熟知的一面。这些语境性和规范性因素所确定的语言内容，就被称为语言的语用学面向。换句话说，一个公认的事实是，语义和语法（意义）是传达交际内容的一个十分重要的工具，但这种实际被传达的内容通常部分地是由各种不同的语用因素所决定的。让我们区分一下语境性知识和规范性框架所分别扮演的角色，然后看看这二者之中的任何一个是否都能够证明解释是无所不在的这一结论。

相关的语境性知识，在我们理解一个言说者传达了什么内容时通常扮演着一个十分重要的角色。最明显的例子牵涉到以下语词的用法，比如说第一人称代词"我"，指示词"今天""这里"，以及指示代词"他"和"他们"。当我们在一个谈话中使用了这些表达方式，那么很显然言说的内容就部分地是由我们所使用的这些语词的意义所决定的，或者部分地是由言说者与聆听者必然共享的某些事实所决定的——比如，是谁在言说或者人们是怎么理解的。但是这不是唯一的情形。例如，考虑一下这个句子："很遗憾，你不久将要死去。"现在假定这是一位医生在急诊室中检查一个受了枪伤的病人时所说的话；并且让我们来对比一下同样的一句话,而它是由一位哲学家在回答他朋友的问题——为什么他应当在一生中费尽心力做任何事情——时所说的。在第一种语境下,这个表达对于聆听者而言确实是一个坏消息。然而在第二种语境下则未必如此;它只是俗套地提醒了生命苦短这样一个事实,以及诸如此类的其他意思。同样的话语可能会表达出十分不同种类的内容,这取决于会话的语境。诸如此类的例子俯拾皆是。

然而,如果有人从此类例子中得出这样的结论便是错误的,即认为对语言表达的理解必然包含着解释。首先,语境经常会影响言谈的内容,这一事实并不意味着交际内容总是语境敏感的(context sensitive)。这种从个案到一般的归纳是错误的。其次,也是更为重要的一点,交际内容的这种语境敏感并不意味着,聆听者在理解这些表达时必然要从事着一些我们能够称之为解释的事情。[4] 在通常情况下,会话的语境是被言说者和聆听者所共知的常识,并且由此使得聆听者可以理解相关的言说内容,而无任何特定困难或者需要解释。想象一下急诊室中那位不幸地受了枪伤的病人被医生告知他不久将会死去;他首先想到的事情不太可能是有关解释的问题。换句话说,我们的交

---

[4] 我们约定解释仅仅代表着在理解一个表达的意义时所涉及的任何心理过程,这是有可能的。在某些语言学的文献中,语词就是以这样的方式来使用的。当然,这并不是德沃金的论证所假定的那种解释的概念;对此没有任何东西必然是评价性的,或甚至是自我意识的。

往能力依赖于语境并不能证明如下观点,即解释必然介于言说者所说的词意与句意和聆听者所理解的交际内容之间。首先,解释和其他方面的语言交际一样也是语境依赖的(context dependent)。但最重要的一点是这样的:交流通常是可能的,原因在于它的语境通常是为会话各方所共知的常识。解释之所以可能是必要的,要么是因为语境性背景的一些特定方面有时并不是足够的清晰,要么是因为尽管共享着语境性背景,但它所传达的内容仍然是不清晰的或不确定的。但这些必定是例外情形。除非会话的各方能够按惯例共享相关的语境,否则言语交际几乎很难成功。

保罗·格莱斯在其关于言谈的语用学面向的重要著作中,已经清晰地阐明了在任何交际语境中都必定会预设的规范性框架的角色。[5] 其基本观点是这样的:在一个日常会话中,相关各方通常地是在进行一种相互协作的信息交流。并且这种相互协作的信息交流的通常目的,使得会话的各方必须遵守某些特定的规范(或格莱斯所称为的"准则")。例如,言说者被认为一定说了些什么,因为他认为这对于会话而言是相关的并且相信他所表达的内容是真实的;这种表达在会话的语境下必须是这样的,它所表达的内容不能过多或过少;它必须是一种有条理的内容

---

[5] Grice, *Studies in the Way of Words*, Harvard University Press, 1981.

表达,以旨在避免模糊、含混等。

这些准则是这样的一些规范,它们直接地例证了这种交际互动的特定功能和目的,并且同时还促进了那些目的的实现。说话要相关和真诚,表达的内容不能过多或过少以及诸如此类,等等,都是我们应用于日常会话的一些准则,因为会话的目的在于进行一种相互协作的信息交流。当然,并不是所有的交际互动都具有这样的性质。我们也并不总是在进行着相互协作的信息交流。由此在另外一些语境下,则适用一些其他的规范。事实上,我们将会看到,有时这个规范性框架在法律的语境下是有问题的。但就现在而言,需要我们记住的很重要的一点是,任何交际互动都被这样一些规范所指引,它们控制着言说者在会话中被指望能够发挥的那种作用。如果离开了这种通常被会话的相关各方所共享的规范性框架,那么交流将失去可能。

有关交流的这一重要的规范性面向是否意味着每一个言谈实例都要受制于解释?如果有人假定会话的准则是可争议的,它允许参与交际互动的各方对那些主宰着会话的相关规范可以有不同的理解。但是,这通常是没有意义的。我在这里使用通常一词是有目的的。但也总可能存在着一些极端的情况;比如某个人可能会假装着在从事一场日常会话,出于各种原因他巧妙地遵守或不遵守相关的规范。此外,我们将会看到某些形式的策略性交流

(strategic communication)，其中会话的准则是不特定的。但是这与如下假定仍然相去甚远，即会话性的准则总是可争议的并且因此必然受制于解释。离开了一些共享的规范性背景——至少是一种对主宰对话之准则的默许的相互理解——那么对话的各方就不可能参与到一种交际互动中来。

当这一规范性框架的某些方面被会话中的一方所误解时，我们就能十分清楚地看到这一点。考虑一下这些情形，言说者需要澄清她在这一点上被误解了。例如，言说者讲"我仅仅是在开玩笑"，当聆听者想必是理解了言说者的会话内容并遵守各种主宰日常信息交流的一般准则时，当事实上那只是一句玩笑话时。或者反过来，言说者有时需要澄清"我不是在开玩笑，这是真的"，以表明会话重新回到了一种信息型会话而非幽默型会话。

总结一下最后一点：我们在交际语境下理解彼此的能力，依赖于一种对我们所参与的会话的类型以及主宰该会话的规范之共享的（至少是默许的）理解。当然，这种理解要受到各种偶发性误解或偏差的影响，通常地交往行为的某些面向在这种情形下失败了。然而，所有这些无关于解释。存在着一些主宰人们所参与的那种会话的规范性框架，从这样一个事实出发并不能得出下述结论，即聆听者对于交际内容的理解似乎并不清楚，除非她提出一种对于相关准则的解释。准则通常是存在于言说者和聆听者之间的常识,对其则无需任何解释。

我们必须着手讨论另一种确立解释之普遍性命题的可能性。或许它并不是源自语言交际的一般面向,而是源自法律领域的某些独特面向。或许法律存在着一些独有的特征,这使得解释通常成为必需。这个观点并不是一无是处。如果你考虑一下艺术领域,可能就会理解为什么情况是这样的。存在着关于艺术之性质的某些东西,它们使得如下观点看起来极为可信,即认为对一件艺术作品的理解事实上通常是一个有关于解释的问题。艺术作品的创造是一种交流形式,而不是一种信息类型(informative kind)。那么,是什么使得人们对艺术作品或者它的某些方面的理解通常地是在进行一种解释呢?类似的考量也能同样地应用于法律吗?

事实上,此处我们无须提出一个深奥的哲学性说明,以解释是什么使得艺术作品就其本质而言受制于解释。我们所需要的是检视艺术和法律在这一点上的相关区别。而且这种区别是相当明显的:艺术作品的创造伴随着这样一个意图,也就是使其受制于可能不同的但又潜在冲突的解释。艺术作品注定是文化客体,对此人们可以有着不同的理解——以不同的但又可能冲突和矛盾的方式来理解它们,至少在我们的文化中这是艺术之概念的一部分。艺术作品并不意图传达一个明确的能够被简单地理解(或误解)的交际内容;它基于某个在内容上多少有点不太确定或者在其他各个方面模棱两可的意图而被创作,而这一切开放给各种各样的解释。[6] 然而,所有这些都无法运用到法律上。事实上,艺术和法律在这一方面是完全不相似的。法律指令意在产生具体的后果,它为人们提供特定的行动理由,并且由此旨在通过某些特定的方式来影响我们的行为。当然,这种具体化的层级可能是多样的;有些法律十分的具体,给出了特定的行为模式或者对它们的撤销方式,而另外一些则更加的一般化。由此,法律规范越是一般化,它所需要解释的情形也就可能越多。但是一般而言,艺术就其性质而言能够成为一个文化客体,并独立于它所意欲传达的特定交际内容,然而从法律的性质来看则不是这样的。艺术的存在就是为了被解释的,而法律的存在则是为了让人们照此行事的。

对法律而言,是否存在着某些使得解释通常成为必要的其他独有的特征呢?法律实践的一个重要的制度性面向可能会带给我们这样的印象。在所有法律体系中,一些机构制定法律,而另一些机构则担负着决定如何将已制定的规范适用到特定情形中的任务。正如我在第一章所提及的那样,在某种意义上可以说,这种通常由法院或其他司法机构在特定情形中对法律的含义是什么所作出的决

---

[6] 对于在艺术领域解释的普遍性而言,这可能并不是唯一的一个理由。艺术往往使用各种层次的象征和隐喻来进行交流,这一事实同样也可能发挥一定的作用。此外,还可能存在着其他的一些理由。

定,事实上就是法律真正的或真实的内容。[7] 换句话说,通常情况下是由法院在个案的法律适用中,去决定法律的含义或者要求是什么。由此,一个相似的观点便是,法院可以完全按照自己的意愿去理解和解释法律;即使在它决定了如何适用或解释法律后,一个高级法院或者同级法院在以后的某一时间也可能会改判和作出不同的判决。难道这不是在说明法律总是受制于解释吗?

答案是否定的——这只能说明法院尤其是高级法院通常拥有根据司法裁判来修正法律的法律权力。让我简要地解释一下。假定会出现以下的情形:有一部制定法这样规定,"所有是 F 的 Xs 都应该做 φ",并且假定有一个特定的个体 A,他明显和毋庸置疑地是一个 F。因此,除非存在着潜在冲突的法律,否则 A 应该做 φ。现在假定一个法院作出了不同的判决;它判定在此情形下 A 不应该做 φ。我们从中可以了解到什么呢?存在着两种可能性:要么这个法院犯了一个法律上的错误,它越出了自己法律权力的边界,在这种情况下法律仍然规定 A 应该做 φ,尽管该法或许无法适用于当前案件;要么该法院是在其所拥有的法律权限范围内行事,它只是修正了法律。现在法律被修正为,"除非 X 是 A(或是类型 A 的一种,或是与其相类似的

---

[7] 相比于大陆法系,这一点对于普通法系来讲更加准确,在大陆法系国家具有约束力的判例并未受到认可,至少在一定程度上不同于普通法系国家的遵循先例。

事物),否则所有是 F 的 Xs 都应该做 φ"。在大多数法律体系中,这般地修正法律的权力是保留给高级法院的。但这只是一个制度性问题,从一个管辖区到另一个管辖区可能也各不相同。然而通常来说,即使当法律的规定(先于法院的判决)十分清晰时,法院也经常性地改变法律。[8]

总结一下当前这一节:法律的内容通常是足够清晰的——而有时也并非如此,这一常识性的观点是正确的。通常而言,正如在一个日常会话中,我们听到(或实际上是读到)法律指示的内容并且由此理解了法律的要求。在某些情形下,法律规定了什么并不清晰,而解释便成了必要。在下一节,我将讨论一些在法律中需要解释的主要理由。我希望如果我们理解了是什么使得在法律中引入解释成为必要,那么我们也就能更好地理解什么是无须解释的足够的确定。

为何进行解释?

当法律在个案的适用中内容模糊不清时,则需要解释。在法律中存在着三种不确定性的主要来源:不同法律

---

[8] 使得这一显明的事实可被抵制或不合时宜的部分事实在于,在此种情形下法院对于法律的修正必定会具有溯及既往的效力。这显然是有问题的,但可能却是不可避免的。对此更为详尽的解释请参见拙文"The Rule of Law and Its Limits", *University of Southern California Law and Public Policy Research Paper*, No.03-16, April 2003。

规范之间的适用冲突、语义上的不确定性以及交际的语用特征。然而,请注意在两种情形之间作出区分。正如在前面几章中所指出的那样,有时根本不存在可以适用于眼前案件的法律。某个特定的争议或法律问题无法根据既有的法律来解决,这仅仅是因为对此根本没有可以适用的相关法律。在此种情形下,法院就需要通过填补漏洞来解决案件——基本上就是通过制定新法以判决案件。无论我们是否想将这种情形称为解释,其实都无关紧要。然而,我所要讨论的情形是这样的,其中存在着可以被适用的相关法律,但是基于某些原因,如何来适用该法以及它所规定的确切内容并不是十分的清晰。以下我将尝试着解释此种不确定性的主要原因,正如我先前所说,它们主要是三类:源自法律冲突,源自语词和自然语言中句子之意义的不确定性,以及源自交际的语用特征。

法律的冲突

由于现代法律体系中法律的规模十分庞大,加之法律规范的数量十分繁多,于是经常会发生这样的情形,即眼前的一个特定案件会被不止一个可以被适用的法律规范所涵盖。由此便会导致适用不同的法律规范将会产生相互冲突的结果。典型的例子具有下面的结构;假定存在着两种法律规范——

(1)"在 C 情形下,所有是 F 的 Xs 都应该做 φ。"

(2)"在 C 情形下,所有是 G 的 Xs 都应该不做 φ。"

现在假定有一个特定的个体 A,他碰巧既是 F 又是 G。根据(1),在 C 情形下,A 应该做 φ;根据(2),在 C 情形下,A 应该不做 φ。无疑,A 不可能在同一情形下既做 φ 又不做 φ。现在有两种可能性。有时存在着第三个法律规范,它决定了在此情形下(1)和(2)这两个冲突的规范哪一个应当被优先适用。由此,可能会有这样一个法律规范,其表述如下——

(3)如果(1)和(2)发生冲突,则优先适用法律(1)。[9]

在这种情形中,由(1)和(2)所得出的结果之间的冲突,并不是一种真实的法律冲突,而仅仅只是一种表面上的冲突,因为(3)决定了具体的结果——即 A 应该做 φ。然而,在多数时候既有法律并未规定此种法律适用上的优先等级次序。换句话说,不存在(3)这种类型的规范。在这样的情形下,(1)和(2)之间关于 A 是否应该做 φ 这个问题的冲突,是一个真正的冲突——对法院而言,想必这个冲突是需要解决的。当然,这只是一个简单的模型。不同法律规范所产生的结果之冲突,通常可以被归结为更为复

---

[9] 在美国法中一个简单的例子是这样一种一般的规范,它决定联邦立法相对于州立法具有优先的地位。由此,如果联邦的法律与州的法律之间发生了冲突,在美国宪法所规定的范围内优先适用联邦的法律。

杂的结构,并且在某些情形中冲突的存在本身也不甚明了。此处我的目的是十分有限的——只是指出能够被适用于某个特定情形的法律规范之间的冲突,是在法律中引入解释的一个主要原因。

语义学意义上的不确定性

法律是用自然语言来表达的。语词以及自然语言中句子的意义,相对于其所适用到的特定情形而言通常是不确定的。两种主要的情形分别是有歧义[10]和模糊性。歧义要么是产生于这样一个事实,即在自然语言下一个特定的语词或表达碰巧具有两个不同的含义(比如英语中的 *bank* 一词,意为一种金融机构或河流的边岸),要么是产生于句子的句法结构(比如,句子"I know a man with a dog who has fleas",谁有跳蚤,是这个男人,还是那只狗?)。对歧义问题的解决,通常是通过关于话语的相关语境知识来完成的;凭借这种语境,我们通常就能够指出这两种可能含义之中的哪一个在当下这种情形中是相关的。当你在钓鱼时,如果告诉你的朋友你在"bank"等他,那么可以想象你的朋友会理解你所说的不是金融机构而是河岸。并且,反之亦然,当你在城里办一些差事时,如果对你的朋友

---

[10] 语言哲学家们可能会拒绝这样一种观点,即歧义与不确定性有关;我并不是在主张其他的什么。在法律产生歧义的情形下不确定性是什么,是这样的一个问题,即哪一种含义在法律上是相关的。尤其是句法的歧义,有时它在法律语境下制造了一个十分明显的不确定性情形。

说刚才的那番话,那么他就不太可能在附近的河岸边等你。没有什么能够阻止法律采用具有歧义的表达,无论这种歧义是语义的还是句法的。有时从法律的语境来看它可能是十分清晰的,我们可以确定哪一个含义才是相关的,但是在有些情况下则并不是这么的清晰。

在法律当中一个更为普遍的不确定性来源,则是源自自然语言中语词的普遍模糊性。自然语言中的大部分语词是模糊的。模糊存在于以下事实之中,即将某个语词适用到特定的事例时——称之为语词的外延——必定会有某些边界情形,也就是说在这些情形下是否适用该语词是不确定的。例如,考虑一下一个形容颜色的词语蓝色(blue)。我们的某些色觉(color perceptions)是在蓝色明确的外延范围之内的,也就是说如果我们看到某些物体是蓝色的,那么它们毫无疑问就是蓝色的。而其他大量的色觉则处于明确的外延范围之外,也就是说它们明显地并且毋庸置疑地不是蓝色,而是像红色或黄色等。然而,存在着一系列的边界情形,它们可能是蓝色也有可能不是蓝色,也就是说称它们为蓝色也许是错误的,但是称它们不是蓝色也有可能是错误的。[11]并且同样的道理也适用于如下的边界情形,诸如一个身高六英尺的人算不算"高",有几缕头发的人是不是"秃顶",一本体积庞大的小册子是

---

[11] See Soames, *Understanding Truth*, Oxford University Press, 1999, chap. 7.

不是"书",一个滑冰鞋是不是"车辆"。

应当不难看出,在法律中模糊是如何引发不确定性的。事实上,我大胆地猜测,法院想要处理的大多数制定法解释的案件,都与制定法中模糊术语的边界情形有关。使用哈特的那个有名的例子,即公园条例规定"公园内禁止车辆通行",这几乎成了法理学的一个传统,所以让我们继续坚持这个传统并使用一下这个例子。毫无疑问,车辆这个语词有着某些明确的外延:如果我有一辆路虎车,如果崭新并且运行良好的话,那么显然它是车辆;并且同样清楚的是,也有大量的物体是在车辆明确的外延范围之外的,诸如我女儿抱着的玩偶,或者我计划在公园里享用的三明治。然而,也存在着一些边界情形:这个条例是否禁止在公园内骑自行车?溜冰鞋或电动轮椅又是否被允许呢?

你可能会想,法律仅仅通过明确它所使用的一般术语就能消除这种不确定性。在我们所讨论的那个例子中,比方说法律可以增补一条成文法的限定,即规定车辆包括自行车但不包括溜冰鞋和轮椅。无疑,法律能够且经常提供这样的规定。法律中的模糊有时可以通过此种界定和进一步的澄清来减少。但是,模糊是不可能被消除的,甚至也很难被大幅度地减少。首先,对于法律规定的细致程度存在着限制。其次,对于立法机关所能预想到的未来将会发生多少问题和难题也是存在着限制的。再次,并且也是最为重要的,模糊无法被消除,因为在任何定义中所使用的语词也可能是模糊的并且由此也存在着边界情形。比如说,现在我们知道了对于那一条例的目的而言,自行车是在车辆的外延范围之内的,然后我们仍将会面对何为自行车的边界情形。想象一下儿童三轮脚踏车、独轮脚踏车以及各种各样可能被恰当地称为自行车的装置,正如有人可能会否认它们是自行车。[12] 边界情形总是会存在着。

然而请记住,边界情形就是那样的边界情形。即使在法律中所使用的最为模糊的术语,对于哪种相关的术语明显地和毋庸置疑地能够被适用,都有着一个明确的外延。然而,在与哈特的那场有名的论战中,朗·富勒认为这些语言考量并不必然能够解决法律问题。[13] 即使某个具体的法律案件是这样的,它刚好落在一项法律规则的语言的明确外延范围之内,但是否适用该规则仍然是一个开放的问题。富勒认为对于是否以及如何适用该规则这一问题的答案,通常首先要确定该规则的目的,并且唯有根据规则存在之目的是什么的观念——它旨在实现什么目的——我们才能够决定是否可以将该规则适用于某个具体的案件之中。

---

[12] 如果你质疑存在着关于"自行车"的边界情形,那么你可以去洛杉矶的威尼斯海滩自行车道上漫步;你将会看到各种怪异的有关"自行车"(以及其他一些装置)的边界情形。

[13] Fuller, "Positivism and Fidelity to Law: A Reply to Professor Hart", *Harvard Law Review* 71 (1958): 630.

我认为富勒的论证是不能令人信服的。他的那一主要的例子涉及我们所一直使用的在公园内有关车辆通行的条例,而这可能会告诉我们他内心的想法;他提出,如果一群退伍军人想要在公园里找一个地方作为支座以安置一辆二战用的卡车,而它碰巧还能够良好地运作,在这种情形下该如何是好呢?此外,这样做是为了纪念,并且尽管这辆卡车毫无疑问地是车辆,但富勒主张仍然不能适用该条禁令,因为禁止此种纪念活动并不是该规则的目的。我们应该如何理解这一点呢?从法律问题的角度来讲,我质疑富勒在此处所提出的是一个正确的观点。如果退伍军人们咨询了律师,律师也许会告诉他们可以这么做,但是在将卡车开进公园前应首先获得官方的许可。然而,即使在这一点上我是错误的,我仍然认为这种情形依赖于我们先前所提及的规范冲突的现象。确实,如果退伍军人的卡车处于这样一种情形,其中一辆(运行良好的)卡车对于一个特定规则的目的而言并不是车辆,原因在于存在着与那一禁令相冲突的其他法律规范并且要求得出一个不同的行动后果。更一般地说,有这样一种观点,认为如果事先不知晓规则的目的,我们就无法理解规则的内容并且无法将它适用到具体的案件中,这种观点从表面上看似乎是令人难以置信的。人们遵守着大量的规则和惯习,而无须对规则的目的有太多的认识。只要想一想我们在每天所遵守的大量的社会惯习;我大胆地猜想,我们中的绝大多数人对于这些规则的目的是什么,充其量只有一个非常粗略的想法。但是我们遵守这些规则,并且无疑也知道如何来适用它们。或者,让我们再来看一个例子,如果我的系主任要求我每月提交一篇关于所阅读的小说的报告,即使我对他为何要制定这个规则或者该目的是什么一无所知,那么我想我仍然很清楚这个规则的要求是什么。当你面对一个边界情形并且需要对如何将其归类作出一个决定时,那么获得一种对规则之目的认识当然是明智的做法。法院在对边界情形作出决定时通常也是如此。

语用学意义上的不确定性

言语场合的交际内容,并不局限于言说者的语词或句子之意义所表达的内容。让我们区分一下另外两种类型的内容。第一种是这样的,有时言说者所说的或所主张的内容——他所表达的那一主张的内容——与其使用的语词意义所表达的内容并不相同。如果当我的妻子晚上到家时我问她,"你吃饭了吗?"我并不是在问她是否已经吃过饭了。我知道她已经吃过了。我在此所主张的内容明显是不同的——我是在问她是否已经在当晚吃过晚饭了。当然,她可以毫无困难地理解我所说的话。一般而言,言说者通常都能够成功地传达出自己的主张性内容(assertive content),这不同于在特定的言谈语境下聆听者所明明白白地听到的内容,也就是说不可能是这样的情形,即言说者所主张的内容恰恰正好是她所表达的内容。

法律所主张的内容与其所表达内容的不一致，在法律的语境下这种情况会发生吗？这是可能会发生的，但并不是非常地频繁。首先，由于立法者的意思很容易被误解，所以他们无疑会力图避免这种情况的发生。其次，在法律的语境下，我们会经常缺乏足够丰富的背景性知识得出如下结论，即法律所主张的内容明显不同于其所表达的内容。请再次考虑一下这个例子，"公园内禁止车辆通行"的规则。比如说，假设制定该条规则的立法机关在此理所当然地仅仅意指机动车辆，并且这正是它所意图主张的内容。人们可能会想象一些情形，它们明显地是上述所谈及的那种情形，但这毕竟是些十分特殊的情形，其中的知识由有关各方所共享。例如，我们可以设想一下，规定"公园内禁止车辆通行"是用来回应一些特定的关于污染的抱怨，这是我们所知道的情形，并且这可能会构成控制机动车辆的污染这一更大立法考量的一部分——那么，是的，很明显该条例可能仅仅局限于机动车辆。否则的话，这很可能仍然是一个开放的问题。[14]

第二种并且也是更为普遍的类型与以下情形有关，即言说者的交际内容超出了其所主张的内容。在很多我们

---

[14] 一个有名的案件是 Holy Trinity Church *v.* United States, 143 U. S. 457（1892），它能够例证这是多么有问题；我对这些问题也有详细的论述，请参见拙文"The Pragmatics of Legal Language", *Ratio Juris* 21（2008）：423。

所熟悉的情形中,一些交际内容尽管并没有被言说者完全肯定地说出,但却隐含于其所表达的特定语境中。例如,设想一个市政条例要求酒店"清洁并保持室内卫生间干净"。无疑,我们也会认为一个拥有无可挑剔的卫生间的酒店将其一直锁着的做法也是违反该条例的,尽管该条例并未明确地提到这一点。酒店的卫生间需要向顾客开放使用,是这一条例所清楚地隐含的内容。

通常地,在语境 C 下一个表达 P 所隐含的内容可以被界定如下,即言说者在特定的语境 C 下通过一个表达 P 所承诺的内容,同时也期望聆听者知晓言说者所作出的那一承诺,此外也期望言说者能够知晓这一点。当且仅当在复杂的、不真诚的或自相矛盾的情形下,一个明确的和事后的对隐含内容的否认会打击到任何一个理智的聆听者时,我们才能期望言说者对此等隐含内容作出了承诺。隐含内容有多种不同的类型。我在这里将集中精力讨论一个熟悉的类型,它是由格莱斯所提出并加以解释的,并被称为会话含义(conversational implicatures)。*

格莱斯提到了另外一个例子,考虑下面的这样一种情

---

* 也可以译为"会话含义"。会话含义是语用学上的一个重要概念,是由美国哲学家格莱斯首先提出的。他将意义区分为"自然意义"和"非自然意义"。后者尤为重要,它是由字面意义和含义两部分共同组成。因此,要全面地了解交际中话语的含义就必须同时弄清楚话语的字面意义和话语的含义。在会话中经常会出现使用隐喻的现象,而仅仅从字面意义是无法理解隐喻的,这就需要聆听者超越话语的字面意义,设法发掘和领悟言说话语的隐含意义。所以在这种意义上,会话含义实际上就是言说话语的隐含意义,也可以形象地表述为"言外之意"。——译者注

形:X 站在他那台已经将汽油耗尽而无法启动的汽车旁边,向一个路过此处的本地人 Y 求助。在知道了这些情况后,Y 说:"邻村有一个加油站。"此时,Y 事实上并未主张(据他所知)加油站是开着的,并且有油可卖。而是给出了会话准则(例如,所说的话是相关的,你认为是错误的事情请不要说,如此等等),X 自然而然地会认为这一内容就隐含在 Y 所说的话中。考虑到当时的情境以及应当适用的会话准则,这就是 Y 所承诺的内容。[15]

因此,做一个更为一般化的界定,在语境 C 下一个言说者 S 通过一个表达 P 在会话中隐含了 Q,如果——

(a) 在 C 中,推定 S 遵守了相关的会话准则;

(b) 考虑到应当被适用的会话准则,为了使得 S 的表达 P 有意义,我们需要假定 S 有(或打算有)Q 的意思;

(c) S 相信/认为,他/她的聆听者能够认识到条件(b),并且能够认识到 S 也知晓这个条件。[16]

正如格莱斯所强调的那样,有两个主要的特征在本质上与会话含义相关联:

---

[15] Grice, *Studies in the Ways of Words*, Harvard University Press, 1981, p. 32.
[16] 有关清晰的这个最后的条件,实际上是相当有问题的和有争议的。考虑到会话含义会涉及使用选言判断,格莱斯本人在这里也意识到了这个严重的问题。See Soames, "Drawing the Line between Meaning and Implicature-and Relating Both to Assertion", in *Philosophical Essays*, vol. 1, Princeton University Press, 2009.

(1) 会话含义总是可以被言说者撤销的(cancelable)。在我们的那个例子中,言说者可能会补充道,"但是我不能肯定加油站是否开着",在这种情形下会话含义就被明确地撤销了。一般而言,可撤销性是会话含义的本质特征。

(2) 会话含义具有非常明显的语境特性(context specific);它们在会话中并不是由语言规则所决定的。如格莱斯所称的那样,总是存在一些推导(derivation)指引我们推断会话含义的内容;为了使得这种会话含义的内容变得清晰,我们必须知晓或者假定某些背景情况。[17]

让我们返回到法律的讨论中。在法律的语境下,会话含义确实是不确定性的一种潜在来源。在某些语境下,会话含义无法被忽略;我们先前关于酒店保持卫生间清洁的例子就是一个极好的例子。然而在另外的一些场合,会话含义倾向于被法院所忽略,即使它们的内容是清楚的。这儿有一个常见的例子:大量的法律以一般性规范并附加某些明确例外的形式来提出一些主张:"除非 X 是 F,或是 G,或是 H,否则所有的 X 都应当做 φ。"(或者更加通常的情形是这样的,法律主张"所有的 X 都应当做 φ",紧随其

---

[17] 然而,第二个条件应当是合格的;格莱斯也辨识出了一种他称之为"一般会话含义"的类型,其中会话含义较少地依赖于语境,而是部分地源自语词所表达的意义。See Grice, *Studies in the Way of Words*, Harvard University Press, 1981, pp. 37-40.

后的一款便对 F、G 和 H 作出了一个明确的免除适用的规定。)这种类型的表达通常都暗指这样一种意思,即被提及的那些例外是彻底的(exhaustive)——即所有不是(F 或 G 或 H)的 X 都应当做 φ。请注意,这种会话含义是可以被撤销的;立法机关能够轻易地指出该规定并没有彻底地将所有例外情形都考虑进来。然而,如果没有这样的暗示,便会很自然地认为立法机关隐含了这样的意思,即所有 X 都应当做 φ,F、G 和 H 是这一规定所唯一许可的例外。

然而,所有法学院的第一学年的新生都会学到,法院在适用会话含义的做法上并不是那么地一致。立法机关是否能够事先对其所颁行之规则的所有可能合理的例外情形作出判定,法院对此表示十分地怀疑,或许也确实如此。有时法院以暗示性的而非穷尽性的态度来对待一系列的例外情形,而因此却又完全地将会话含义予以忽略。[18] 在这种情形下,可以说法院基本上是听取了立法陈述的独断性内容,而同时又忽略了那种没有被完全表达出来而仅仅是隐含于其中的交际内容。*

为什么不确定性的情形与法院未能遵照法律的情形是截然不同的呢?答案源自这样一个事实,即立法并不是

---

[18] 在这一点上,有一个著名的案子 Holy Trinity;参见拙文 "The Pragmatics of Legal Language", *Ratio Juris* 21 (2008):423。

* 法院一方面怀疑立法机关事先判定一切例外情形的能力,开放性地对待一切可能的例外情形,而另一方面却又忽略会话含义或隐含规定,而这种表述上的不一致恰恰正是法院在对待会话含义的问题上前后矛盾的体现。——译者注

一个日常会话；可以说，立法机关与法院之间的会话并不是一种相互协作的信息交流。它部分地是一种交流的策略形式，其中会话准则并不是断然的且/或确定的。换句话说，不确定性源自会话的性质，而并不仅仅是来自于对主张性内容与隐含内容的区分。让我对此详尽地解释一下。

一部法律的制定并不是一种相互协作的信息交流。立法典型地是一种策略性行为的形式。事实上情况更为复杂，因为立法包含着多个而不是一个会话。在制定法律的过程中，立法者之间存在着一个会话，而这个内部会话的结果便是另外一个存在于立法机关与法院（或者其他各种机构）之间的会话。[19] 这个内部会话在本质上通常是高度策略性的。这显然并没有遵循格莱斯关于相互协作的信息交流的准则。而当法院和其他人士看到立法机关的这个内部会话的结果时，那么就很难忽略其产生集体话语的策略性本质。

立法最令人熟知的面向，在于它几乎总是一种妥协的产物。妥协经常存在于我称之为默认的非完整性决议（tacitly acknowledged incomplete decisions），也就是有意将某些问题留待以后解决的决议。[20] 这与集体行动的问题

---

[19] 我假定此处立法机关和法院之间存在着一个正在进行的会话；法院通过解释立法性语言和它们所颁扬的各种制定法解释"原则"来进行回应。

[20] 这种观点毫无新意；许多作者都注意到了这一点。

紧密相连：

> X 想说"P"意图隐含着 Q。
>
> Y 想说"P"意图隐含着非 Q。
>
> X 和 Y 共同地行动,意图在其表达 P 的集体话语中关于 Q 的隐含悬而未决。

一个一般性的问题在于,带下划线的词语意图通常并不是那么地清晰;事实上,典型的情形是相互冲突和对立的意图、希望、期望等等之中的一个,也就是说 X 和 Y 意图——或希望或期望——他们各自的意图能够胜过对方。在某些情形下,这是不成问题的。对于 X 和 Y 而言,如果在其集体话语中没有意图隐含关于 Q 的任何内容,那么他们对于是否隐含 Q 这个问题的确可能会拥有着一些相互冲突的意图或期望。但是,如果认为情况始终或者通常就是这样的,将是不切实际的。通常情况下,立法者都希望他们的立法议案能够在实践中被采纳;他们希望达成某些特定的目标,而如果对他们所制定的法案以希望或期望被理解的方式进行解释的话,那么将会更好地实现这些目标。换句话说,典型的情形是这样的,其中 X 和 Y 都期望或至少是希望关于 P 的集体话语隐含(或不隐含) Q。

当这种集体行动涉及多个主体时,有时会涉及数百个立法者,同时伴随着不同的政治议题以及关于他们所制定的法案的不同预期,困难是显而易见的。用格莱斯的话来说,这些情形中的难题是双重的。一方面,对于何者能够被算作是会话的相关一方,存在着相当大的不确定性——例如,是法案的倡议者,还是那些也有可能投反对票的不太热忱的支持者?而另一方面,什么能够算作是不同各方在会话中所允许作出的一个相关的内容表达,对此也存在着一种内在的不确定性。

然而,策略性行为并不局限于立法者之间的内部会话。例如,考虑一下这些情形,其中立法机关故意若有其事地用不同的声音说话。立法机关制定过这样的一些法律,它试图向广大公众传递一个信息,而同时却又向法院或其他机构传递另一个不同的信息。迈尔·丹-科恩在刑法的语境下,解释了这一现象及其合理依据。[21] 注意他的一个例子,考虑一下对于胁迫的抗辩(defense of duress)。这是一个非常成问题的抗辩。一方面,对于威慑的考量妨碍我们承认这种抗辩;我们不希望鼓励人们出于恐惧或性格上的懦弱而屈从于胁迫和犯罪。而另一方面,对公平和人类同情心的考量又要求我们承认这种抗辩。对人们在巨大胁迫下的所作所为进行惩罚,将是十分不公平的。这是一个严重的冲突,但是允许有一个特定的解决方案:法律可能会产生这样一种印象,即它并不承认这种对

---

[21] See Dan-Cohen, "Decision Rules and Conduct Rules: On Acoustic Separation in Criminal Law", in *Harmful Thoughts*, Princeton University Press, 2002.

于胁迫的抗辩,或者只有在非常紧急的情形下才允许这种抗辩,但同时,法律又引导法院在考虑到公平和同情心时承认这种抗辩。正如丹-科恩所表明的那样,这差不多就是普通法中所实际发生的情形。而且这么做是很有道理的。

我希望你们能够看到,在很多立法语境下促使使用这种策略的诱因是很多的。立法者可能希望造成这样一种印象,即他们在做一件事——例如,严格限制竞选献金——而实际上他们却在做相反的事情,即允许这类献金以较不透明的方式自由地流转。我们在这种情形中所拥有的,几乎和一个冲突的会话含义是一样的:从一个角度来看,立法机关意指某个意思;而从另一个角度来看,却隐含了相反的意思。此外,正如刚刚提及的两个例子所说明的那样,不存在一种可以适用于一切情况的一般性政策。在某些情形下,比如胁迫的例子,立法上的含糊其词其实是很有意义的,同时在道德上也可能是值得称赞的。在其他一些情形下,比如竞选献金问题,这种含糊其词就相当有问题了。无论如何,我认为对于在含糊其词的情形下法律有何独特内容这个问题并不存在着一个清晰的答案。在不同的语境下或针对不同的听众,同样的言语行为隐含着不同内容,甚至这些内容是相互矛盾的。

让我停下来做些总结。我已经尝试说明,在常规的会话语境下各方旨在进行一种相互协作的信息交流,而与此不同,在立法性语境下出现了一种部分地非合作(noncooperative)的交流形式。立法过程充斥着策略性行为,它们试图克服相关主体间初步合作的匮乏。并且,一旦我们得到了经由这个过程所产生的结果时,它的哪些面向与对立法话语的确定是相关的以及哪些面向应当被忽略,对这些问题作出决定将变得十分困难。

关于策略性会话的运作方式,以及可以或者不可适用于此种独特的规范性框架的各种准则,都需要做进一步的探索。我的怀疑在于,相关的会话准则在某种程度上的不确定性,对于促成策略性会话是至关重要的。[22] 然而,我们还需要提及这样一个告诫。随着时间的推移,为法院所实际遵守的制定法解释的规则,可能在某种程度上决定了一些关于立法的会话准则。在遵循关于法院解释制定法用语的方式的某些规则方面,法院可能会为立法性语境创造某些种类的格莱斯准则。例如,法院愿意在多大程度上听取关于制定法历史的根据,将会在某种程度上决定着关于立法性会话含义的相关规则。也就是说,这些规则在某种程度上决定了何者可以算作是一个立法者和法院之间会话的相关内容表达。因此,在某种程度上,并且大大依赖于法院的解释性文化,即使在立法性语境下也可能会出

---

[22] 我曾经在我的一篇文章中为这个结论提出过一些论证,参见拙文"Can the Law Imply More Than It Says?", in *The Philosophical Foundations of Language in Law*, edited by Marmor and Soames, Oxford University Press, 2013。

现一些格莱斯准则。请注意,此种规则的可靠性,关键依赖于法院长久的解释性实践的实际一致性。如果法院未能一致性地忠于相关的解释性实践,那么立法者就无法在以下事实上获得清晰的信号,即什么能被算作是一个它们与法院之间会话的相关内容表达,并且因此不可避免地,什么能被算作是一个立法者之间会话的相关内容表达。再一次地,策略性会话的规则是不确定的,如果我的这一提议是正确的话,那么我们应该认识到,不论法院还是立法机构都未必拥有一种十分一致性地遵守解释规则的强烈动机。

在总结这个讨论之前,我提醒大家不要做太多的怀疑;即使对于隐含内容而言,也有很大一部分是由语言规则所决定的。并不是每一种会话含义都具有语境敏感性。存在着许多情形,其中言说者通过使用特定的表达来隐含特定的内容,而这完全归因于那种被使用之表达的意义。换句话说,某些隐含意义被语义地编码(semantically encoded)进言说者所主张的表达之中。格莱斯将此称为"规约隐涵"*(conventional implicatures)。[23] 例如,考虑一下如下表达:

---

* 亦有学者译为"规约含义"。——译者注
[23] Grice, *Studies in the Way of Words*, Harvard University Press, 1981, pp. 24-26,41,46,86.

(1)"连 A 都能够做 φ"(隐含着除去 A 外的其他人也能够做 φ,并且 A 是他们当中能够做 φ 的可能性最小的一个)。

(2)"A 设法去找到 X"(隐含着找到 X 被认为会遇到一些困难)。

(3)"是 A 打坏了花瓶"(隐含了有人已经把花瓶打坏了)。

在所有这些情形中,以及许多其他类似的情形中,隐含内容在表达中被语义地编码进了表达中。这清晰地表现在如下事实中,即隐含内容无法被言说者所撤销。在表达了(3)之后紧接着又试图通过这样的补充——说事实上没有任何人打坏了那一花瓶——来撤销隐含内容,这是没有任何意义的。同样地,作出某种类似于(1)的如下表达也是没有意义的,即"连约翰都能通过考试,毕竟他是最优秀的学生"。我们不可能设想出任何一种这样的语境,在其中这样的表达是有意义的。因此,语义编码的隐含意义并不会受到法律话语的策略性性质的影响。如果存在着某些被一个法律指令的构想所语义地隐含的内容,那么它通常构成了法律所实际地决定的内容的一部分。

建议进一步阅读的书目

Endicott, *Vagueness in Law*.

Marmor, "The Pragmatics of Legal Language", 423.

Marmor and Soames, eds., *The Philosophical Foundations of Language in the Law*.

Moore, "The Semantics of Judging".

Soames, *Philosophical Essays*, vol. 1, chaps. 10, 11, and 15.

Stavropoulos, "Hart's Semantics", 59.

参考文献

Arneson, Richard, Democracy Is Not Intrinsically Just, In *Justice and Democracy*, edited by K. Dowding and R. E. Goodin., Cambridge: Cambridge University Press, 2004, 40.

Austin, John, *The Province of Jurisprudence Determined*, London: J. Murray, 1832.

Bentham, Jeremy, *An Introduction to the Principles of Morals and Legislation*, A reprint of the edition of 1823, which contains the author's final collections, New York: Hafner, 1948.

Campbell, Tom, *The Legal Theory of Ethical Positivism*, Brookfield, VT; Aldershot, UK: Dartmouth, 1996.

Cohen, Marshall, ed., *Ronald Dworkin and Contemporary Jurisprudence*, London: Duckworth; Totowa, NJ: Rowman and Allanheld, 1984, 28.

Coleman, Jules, Negative and Positive Positivism, *Journal of Legal Studies* 11, no. 1 (1982): 139-64.

Coleman, Jules, *The Practice of Principle*, New York: Oxford University Press, 2001.

Coleman, Jules, ed., *Hart's Postscript: Essays on the Postscript to The Concept of*

Law, Oxford: Oxford University Press, 2001.

Dan-Cohen, Meir, Decision Rules and Conduct Rules: On Acoustic Separation in Criminal Law, In *Harmful Thoughts*, 37, Princeton, NJ: Princeton University Press, 2002.

Darwall, Stephen, Authority and Second-Personal Reasons for Acting, In *Reasons for Action*, edited by D. Sobel and S. Wall, 134, Cambridge: Cambridge University Press, 2009.

Dickson, Julie, *Evaluation and Legal Theory*, Oxford: Hart Publishing, 2001.

Dworkin, Ronald, *Justice in Robes*, Cambridge, MA: Belknap Press of Harvard University Press, 2006.

Dworkin, Ronald, *Law's Empire*, Cambridge, MA: Belknap Press of Harvard University Press, 1986.

Dworkin, Ronald, *Taking Rights Seriously*, London: Duckworth, 1977.

Elster, Jon, *Ulysses Unbound*, Cambridge: Cambridge University Press, 2000.

Endicott, Timothy A. O., *Vagueness in Law*, New York: Oxford University Press, 2001.

Finnis, John, *Natural Law and Natural Rights*, New York: Oxford University Press, 1980.

Finnis, John, On Reason and Authority in Law's Empire, *Law and Philosophy* 6, no. 3 (1987): 357.

Fuller, Lon, Positivism and Fidelity to Law: A Reply to Professor Hart, *Harvard Law Review* 71 (1958): 630.

Gallie, W. B., Essentially Contested Concepts, *Proceedings of the Aristotelian Society* (1956): 167.

Gardner, John, Legal Positivism: 5 1/2 Myths, *American Journal of Jurisprudence* 46 (2001): 199-227.

Gavison, Ruth, ed., *Issues in Contemporary Legal Philosophy: The Influence of H.*

L. A. Hart, Oxford: Clarendon Press, 1987.

George, Robert P., ed., *Natural Law Theory*, Oxford: Clarendon Press, 1992.

Green, Leslie, *The Authority of the State*, Oxford: Clarendon Press, 1990.

Green, Leslie, The Concept of Law Revisited, *Michigan Law Review* 94 (1996): 1687.

Green, Leslie, The Political Content of Legal Theory, *Philosophy of the Social Sciences* 17 (1987): 1-20.

Green, Leslie, Positivism and Conventionalism, *Canadian Journal of Law and Jurisprudence* 12, no. 1 (1999): 35-52.

Grice, H. Paul, *Studies in the Way of Words*, Cambridge, MA: Harvard University Press, 1981.

Hart, H. L. A., *The Concept of Law*, 1st ed. Oxford: Clarendon Press, 1961.

Hart, H. L. A., *The Concept of Law*, 2nd ed., with a postscript edited by P. Bulloch and J. Raz. Oxford: Clarendon Press, 1994.

Hart, H. L. A., *Essays in Jurisprudence and Philosophy*, Oxford: Clarendon Press, 1983.

Hart, H. L. A., *Essays on Bentham*, Oxford: Clarendon Press, 1982.

Hartogh, Govert den, *Mutual Expectations: A Conventionalist Theory of Law*, New York: Kluwer Law International, 2002.

Himma, Kenneth, Inclusive Legal Positivism, In *The Oxford Handbook of Jurisprudence and Philosophy of Law*, edited by J. Coleman, S. Shapiro, et al. New York: Oxford University Press, 2002.

Hobbes, Thomas, *Leviathan*, Edited by Edwin Curley, Cambridge: Hackett, 1994.

Hohfeld, W. N., *Fundamental Legal Conceptions*, Edited by W. W. Cook, New Haven, CT: Yale University Press, 1919.

Holmes, Oliver Wendell, Jr., The Path of the Law, *Harvard Law Review* 10

(1897): 457.

Kelsen, Hans, *General Theory of Law and State*, Translated by A. Wedberg, 1945. New York: Russell and Russell, 1961.

Kelsen, Hans, *Introduction to the Problems of Legal Theory*, Translated by B. L. Paulson and S. L. Paulson, A translation of *Reine Rechtslehre*, published in 1934, Oxford: Clarendon Press, 2002.

Kelsen, Hans, *Pure Theory of Law*, 2nd ed, Translated by M. Knight, 1960, Berkeley: University of California Press, 1967.

Lagerspetz, Eerik, *The Opposite Mirrors: An Essay on the Conventionalist Theory of Institutions*, Dordrecht; Boston: Kluwer, 1995.

Leiter, Brian, Legal Realism, In *Companion to Philosophy of Law and Legal Theory*, edited by D. Patterson, 261, Cambridge, MA: Blackwell, 1996.

Leiter, Brian, *Naturalizing Jurisprudence*, New York: Oxford University Press, 2007.

Lewis, David, *Convention: A Philosophical Study*, Oxford: Basil Blackwell, 1968.

Llewellyn, Karl N., *Jurisprudence: Realism in Theory and Practice*, New Brunswick, NJ: Transaction Publishers, 2008.

MacCormick, Neil, *H. L. A. Hart*, 2nd ed., Stanford, CA: Stanford University Press, 2008.

MacCormick, Neil, A Moralistic Case for A-Moralistic Law, *Valparaiso Law Review* 20 (1985).

Marmor, Andrei, Exclusive Legal Positivism, In *The Oxford Handbook of Jurisprudence and Philosophy of Law*, edited by J. Coleman, S. Shapiro, et al., New York: Oxford University Press, 2002.

Marmor, Andrei, *Interpretation and Legal Theory*, 2nd ed., Oxford; Portland, OR: Hart Publishing, 2005.

Marmor, Andrei, *Law in the Age of Pluralism*, New York: Oxford University Press, 2007.

Marmor, Andrei, Legal Positivism: Still Descriptive and Morally Neutral, *Oxford Journal of Legal Studies* 26 (2006): 683.

Marmor, Andrei, The Pragmatics of Legal Language, *Ratio Juris* 21 (2008): 423.

Marmor, Andrei, The Rule of Law and Its Limits, *University of Southern California Law and Public Policy Research Paper* No. 03-16, April 2003.

Marmor, Andrei, *Social Conventions: From Language to Law*, Princeton, NJ: Princeton University Press, 2009.

Marmor, Andrei, ed., *Law and Interpretation: Essays in Legal Philosophy*, Oxford: Clarendon Press, 1995.

Marmor, Andrei, and Scott Soames, eds., *The Philosophical Foundations of Language in the Law*, Oxford: forthcoming.

Moore, Michael, The Semantics of Judging, *Southern California Law Review* 54 (1981): 151.

Perry, Stephen, Hart's Methodological Positivism, *In Hart's Postscript: Essays on the Postscript to The Concept of Law*, edited by J. Coleman, 323, Oxford: Oxford University Press, 2001.

Perry, Stephen, Interpretation and Methodology in Legal Theory, In *Law and Interpretation*, edited by A. Marmor, 123, Oxford: Clarendon Press, 1995.

Postema, Gerald, *Bentham and the Common Law Tradition*, Oxford: Clarendon Press, 1989.

Raz, Joseph, The Argument from Justice, or How Not to Reply to Legal Positivism, In *The Authority of Law*, 2nd ed., New York: Oxford University Press, 2009.

Raz, Joseph, Authority, Law, and Morality, *Monist* 68 (1985): 295.

Raz, Joseph, *The Authority of Law*, Oxford: Clarendon Press, 1979.

Raz, Joseph, *Between Authority and Interpretation*, New York: Oxford University Press, 2009.

Raz, Joseph, *The Concept of a Legal System*, 1970, Oxford: Clarendon Press, 1980.

Raz, Joseph, *Engaging Reason*, Oxford: Oxford University Press, 1999.

Raz, Joseph, *Ethics in the Public Domain*, Oxford: Clarendon Press, 1994.

Raz, Joseph, Legal Principles and the Limits of Law, In *Ronald Dworkin and Contemporary Jurisprudence*, edited by M. Cohen, 73, London: Duckworth; Totowa, NJ: Rowman and Allanheld, 1984.

Raz, Joseph, *The Morality of Freedom*, Oxford: Clarendon Press, 1986.

Raz, Joseph, *Practical Reason and Norms*, 1975, Princeton, NJ: Princeton University Press, 1990.

Raz, Joseph, Two Views on the Nature of the Theory of Law: A Partial Comparison, In *Hart's Postscript: Essays on the Postscript to The Concept of Law*, edited by J. Coleman, Oxford: Oxford University Press, 2001.

Scanlon, Thomas, *What We Owe to Each Other*, Cambridge, MA: Belknap Press of Harvard University Press, 1998.

Schroeder, Mark, Cudworth and Normative Explanations, *Journal of Ethics and Social Philosophy* 1, no. 3 (2005), at www.jesp.org.

Shapiro, Scott, Authority, In *The Oxford Handbook of Jurisprudence and Philosophy of Law*, edited by J. Coleman, S. Shapiro, et al., 382, New York: Oxford University Press, 2002.

Shapiro, Scott, On Hart's Way Out, In *Hart's Postscript: Essays on the Postscript to The Concept of Law*, edited by J. Coleman, 149, Oxford: Oxford University Press, 2001.

Soames, Scott, Drawing the Line between Meaning and Implicature and Relating Both to Assertion, In *Philosophical Essays*, vol. 1, 298-326, Princeton, NJ:

Princeton University Press, 2009.

Soames, Scott, *Philosophical Essays*, Vol. 1, Princeton, NJ: Princeton University Press, 2009.

Soames, Scott, *Understanding Truth*, New York: Oxford University Press, 1999.

Stavropoulos, Nicos, Hart's Semantics, In *Hart's Postscript: Essays on the Postscript to The Concept of Law*, edited by J. Coleman, 59, Oxford: Oxford University Press, 2001.

Waldron, Jeremy, *Law and Disagreement*, Oxford: Clarendon Press, 1999.

Waldron, Jeremy, Legal and Political Philosophy, In *The Oxford Handbook of Jurisprudence and Philosophy of Law*, edited by J. Coleman, S. Shapiro, et al., New York: Oxford University Press, 2002.

Waldron, Jeremy, Normative (or Ethical) Positivism, In *Hart's Postscript: Essays on the Postscript to The Concept of Law*, edited by J. Coleman, 410, Oxford University Press, 2001.

Waluchow, Wilfrid, *Inclusive Legal Positivism*, Oxford: Clarendon Press, 1994.

索 引

(索引中的页码为原书页码,即本书边码)

American legal realism,美国法律现实主义,30—33,34

anarchism,无政府主义,21,22,26

Augustine,St.,圣·奥古斯丁,4

Austin,John,约翰·奥斯丁,12 注释 1,114 注释 9;and commands,与命令,35,36—41;and Hart,与哈特,35,47,55,57,67;and morality,与道德,109;and rules,与规则,49;and rules of transition,过渡性规则,46—47;and sanctions,与制裁,44;and social rules,与社会规则,54;and sovereignty,与主权,44—45,61

authoritative decisions,权威性判决,92

authoritative directives:and language,权威性指令:与语言 136;law as,将法律作为,89;legal norms as,作为权威性指令的法律规范,60—61,83

authority:and Austin,权威:与奥斯丁,45;and belief,与信念,72;and coordination problems,与协调难题,68,80;and identity-related reasons for action,与身份相关的行动理由,68;and inclusive legal positivism,与包容性法律实证主义,96—92;legal constraints on,法律限制,67—69;legitimacy of,权威的正当

性,58—59,65,66,72—73;and normativity,与规范性,60—73;and obligation,与义务,61—62,63—67,70,71;and Raz,与拉兹,8—9;and reduction,与还原,73;and right to rule,统治的权力,64,65—66;self-binding,自我约束,67—69;and service,与服务,64,65,66,68;and social rules,与社会规则,73

basic norm,基础规范,15—20;content of,基础规范的内容,22;content of determined by practice,基础规范的内容由实践所决定,25;defined,界定,16—17;and efficacy,与实效,19—20,22,23;and Hart,与哈特,35,51;and legal systems,与法律体系,18;and legal validity,与法律效力,20—21,22,48,50,51;presupposition of,基础规范的预设,19,20—21,22,48,50,51;reasons for endorsing,认可基础规范的理由,72;and rules of recognition,与承认规则,49—50;and social facts,与社会事实,23—24,25,28;and social practice,与社会实践,51;validity of,基础规范的效力,22
Bentham,Jeremy,杰里米·边沁,29 注释6,117

Campbell,Tom,汤姆·坎贝尔,111,113—114,115
cases,unsettled,案件,无法解决,84—85,86,87—88,91
coercion:and Dworkin,融贯:与德沃金 110,120—121;legitimacy of,正当性,110. See also force; sanctions,亦见强制力;制裁
command/command theory of law,命令/法律的命令理论,35,36—44,49,57,61
common law tradition,普通法传统,88
constitution,宪法,69,105
constitutional documents,宪法性文件,93
conventionalism,惯习主义,9,80,111,120—121
conventional rules:as arbitrary,惯习性规则:作为任意性的,76—77;as compliance dependent,顺应依赖的,76—77;defined,界定,77—78. See also rules,亦

见规则

conventions,惯习,73—83;authorities as constituted by,作为由社会惯习所确立的权威者,83;and morality,与道德,95;as normative solutions to coordination problems,作为协调难题的规范性解决方案,79;rules of recognition as,作为社会惯习的承认规则,95—96;and social rules,与社会规则,60

coordination:and authority,协调:与权威,68,80;and conflict of interest,与利益冲突,80注释22;and conventions,与惯习,74,76,79;and morality,与道德,124;as rationale for law,作为法律之理据的协调,80;and Raz,与拉兹,42;and rules of recognition,与承认规则,78,79,81,82

Dan-Cohen,Meir,迈尔·丹-科恩156

detached normative statements,超然的规范性陈述,26,54

detachment,分离,10;and Dworkin,与德沃金,9;of factual aspects from normative content,事实方面与规范性内容的分离,7,23;and Hart,与哈特,8,9,61;and Kelsen,与凯尔森,14;of law from sovereignty,法律与主权的分离,8,61;of legal validity from evaluative content,法律效力与评价性内容的分离,5;of legal validity from morality,法律效力与道德的分离,6,7,14,92,109,110;and reduction,与还原,8

Dickson,Julie,朱莉·迪克森125注释25

directed power,受导性权力,93—94

Dworkin,Ronald,罗纳德·德沃金,5,9,122;constructive model of,建构性模型,128;and conventionalism,惯习主义,120—121;and evaluation,与评价,128—30,and inclusive legal positivism,与包容性法律实证主义95;and interpretation,与诠释,9,97—108,109—110,122,132,136—137;Law's Empire,《法律帝国》,111,120;and legal conventionalism,与法律惯习主义,111;and legal error,与法律谬误,96—97;on legal rules vs. legal principle,关于法律规则与法律原则,85—92;methodological argument of,方法论的论辩,126,127;

and Raz, 与拉兹, 96; and rules of recognition, 与承认规则, 75—76, 77

enactment of law, 法律的制定, 5—17
enforcement, 强制执行, 39, 40
error, legal, 谬误, 法律, 91, 92, 97
essentially contested concept, 本质上可争议的概念, 132—133
ethical legal positivism, 伦理法律实证主义, 111, 115—116, 121

factual aspect of law, and normative content, 法律的事实层面, 与规范性内容, 7—8. *See also* social facts, 亦见社会事实
Finnis, John, 约翰·菲尼斯, 5 注释 4
force, 暴力, 40, 41, 42. *See also* coercion; sanctions, 亦见强制; 制裁
Fuller, Lon, 朗·富勒, 149
function of law: and coercion, 法律的功能: 与强制, 40, 41—42, 43, 44; and coordination, 与协调, 43, 79, 80; as guiding human conduct, 作为人类行为之指引, 134; and normativity, 与规范性, 119—120; and obligation vs. power-conferring, 与义务和权力授予, 38—39; and Perry, 与佩里, 122, 123—125; and rules of recognition, 与承认规则, 78—79, 82; and secondary rules, 与次级规则, 119

Gallie, W. B., W. B. 加利 132—133
Game, law as, 作为游戏之法, 45—46
Green, Leslie, 莱斯利·格林, 80, 81
Grice, Paul, 保罗·格莱斯, 140, 152—153, 154, 155, 157, 158

Hart, H. L. A., 哈特, 60, 67, 70, 112, 123; and American legal realism, 与美国法律现实主义, 31, 32; and Austin, 与奥斯丁, 35, 47, 55, 57; and coercion, 与强制, 43; and commands, 与命令, 37, 38; and detachment view, 分离观, 8, 9, 61;

and Dworkin, 与德沃金, 85; and Fuller, 与富勒, 149; and Hobbes, 与霍布斯, 41; and internal point of view, 与内在观点, 123, 130, 131; and judicial discretion, 司法自由裁量权 107; and Kelsen, 与凯尔森, 35, 39, 40—42, 54—55; and language, 与语言, 136; and legal positivism, 与法律实证主义, 75, 83, 110, 111; and legal principles, 与法律原则, 88; and legal validity, 与法律效力, 35, 116; and legal vs. moral obligations, 与法律义务和道德义务, 71; and morality, 与道德, 58, 109, 111, 112, 116, 118, 122; and normativity, 与规范性, 35, 48, 119; and obligation, 与义务, 57, 71—72; and political sovereignty, 政治主权者, 61; and reduction, 与还原, 8, 35, 51, 52, 53, 55, 73, 83; and sanctions, 与制裁, 41—42, 44; and social facts, 与社会事实, 55, 71—72, 116; and social rules, 与社会规则, 9, 35, 48—59; and sociology, 与社会学, 35, 55, 71; and sovereignty, 与主权, 8, 41, 45, 46; and vagueness, 与模糊性, 148

Hobbes, Thomas, 托马斯·霍布斯, 4 注释 3, 8, 36, 41

Hohfeld, W. N. , W. N. 霍菲尔德, 37 注释 3

Holmes, Oliver Wendell, Jr. , "The Path of the Law," 奥利弗·温德尔·霍尔姆斯,"法律的道路", 30 注释 26

Holy Trinity Church v. United States, 圣三一教堂诉美利坚合众国一案, 151 注释 14

Hume, David, 大卫·休谟, 17, 21, 23

implicature/implied content, 含意/隐含的内容, 151—154, 158—159

inclusive legal positivism, 包容性法律实证主义, 92—97

indeterminacy: and ambiguity, 不确定性与模糊性, 147 注释 10; and conflict of laws, 与法律的冲突, 145—146; and interpretation, 与诠释, 137—138, 145; pragmatic, 实用主义, 150—159; semantic, 语义学, 145, 146—150

institutions, 制度, 43; authoritative, 权威性的, 63; different types of, 不同类别的规范, 41; and Raz, 与拉兹, 42—43; rules as constituting, 构成制度的规则,

47,49—50;social,社会制度,113;sovereignty as,作为制度的主权,47—48

intention,意图,99,101—103,104—105

internal point of view,内在观点,53—55,123,130—135

interpretation:all things considered,解释:通盘考虑,132;ambiguity in,解释中的模糊性,127—128;and basic norm,与基础规范,20—21;and best possible example/light,最佳例证,98,100,101,103,105—107,128,132;constructive,建构性的,100,101,105;and Dworkin,与德沃金,9,97—108,109—110,122,136—137;and evaluation,与评价,100,107—108,128—130;and indeterminacy,与不确定性,137—138,145;intention in,意图,99,101—103,104—105;and internal point of view,与内在观点,130—135;by judges/courts,由法官/法院,137—138,144,145;and language,与语言,9—10,137—145;law as,作为解释的法律,97—108;and legal validity,与法律效力,29;and meaning,与意义,29;and normativity,与规范性,29;and philosophy of law,与法哲学,34,109—110,122,126—130;as value laden,承载价值的,127

is-ought problem,实然—应然问题,17,19,23

judges/courts:and American legal realism,法官/法院:与美国法律现实主义,30—33,34;as constituted by the law,由法律所确立的法官,31—32;and conventional rules,惯习性规则,78;and coordination,与协调,79,81;creation of law by,法律的创制,2,85,89,90,91;and Dworkin,与德沃金,75—76;and implicatures,与含义 153—154;institutional role of,法官的制度性角色,90;interpretation by,法官解释,137—138,144,145;and legislature,与立法机关,154;and obligation to rules of recognition,遵守承认规则的义务,73,82;rules as constituting role of,确立司法角色的规则,56,76;and rules of recognition,与承认规则,51,55—56,58,75—76,81—82;and unsettled cases,无法处理的案件,84—85,86,87—88. See also legal officals,亦见法律官员

judicial discretion,司法自由裁量权,84—92,107

judicial rhetoric, 司法修辞学, 90

jurisdiction, 管辖区域, 3, 19 注释 11

Kant, Lmmanuel, 伊曼努尔·康德, 20, 21, 27

Kelsen, Hans, 汉斯·凯尔森, 8; and agenda-dislacement theory, 议程替代理论, 33; and American legal realism, 与美国法律现实主义, 33; and basic norm, 与基础规范, 15—25, 50, 72; and Hart, 与哈特, 35, 39, 40—42, 54—55; and interpretation, 与解释, 15—16; and legal validity, 与法律效力, 35; and legal vs. moral obligations, 与法律义务和道德义务, 71; and morality, 与道德, 13, 14, 21, 26, 71, 109; and natural law, 与自然法, 25—26, 27; and normativity, 与规范性, 25—27, 54—55; and obiligation, 与义务, 26; and political sovereignty, 与政治主权者, 41; *Pure Theory of Law*, 《纯粹法理论》, 23; and pure theory of law, 与纯粹法理论, 13—34; and Raz, 与拉兹, 25, 26; and reduction, 与还原, 8, 14, 15, 19, 20, 28—29, 30, 33, 35; and sanctions, 与制裁, 41, 44; and social facts, 与社会事实, 72; and social practice, 与社会实践, 19; and sociology, 与社会学, 14, 15

language, 语言, 136—159; ambiguity in, 语言中的歧义, 147; and authoritative directives, 与权威性指令, 136; and context, 与语境, 138—140, 150, 151, 157; implied content, 隐含内容, 151—154, 158—159; and interpretation, 与解释, 9—10, 137—145; normative determinates of, 规范性因素所确定的语言, 138—139; normative framework of, 语言的规范性框架, 140—142; pragmatic aspects of, 语用学面向, 138—139; vagueness in, 模糊性, 147—149

legal offcials, 法律官员, 33; and conventional rules, 与惯习性规则, 78; and directed powers, 受导性权力, 93—94; legal norms as addressed to, 指向官员的法律规范, 39—41; and rules of recognition, 与承认规则, 55, 56, 58, 76, 79, 81. *See also* judges/courts; legal officials, 亦见法官/法院;法律官员

legal positivism, 法律实证主义; 8, 33, 60; and Austin, 与奥斯丁, 44; and conventionalist understanding of rules of recognition, 与对承认规则的惯习主义理解, 75; and description, 与描述, 110, 112, 115, 118; and Dworkin, 与德沃金, 88, 95, 99; ethical, 伦理的, 111, 115—116, 121; and evaluative content, 与评价性内容, 5; of Hart, 哈特的法律实证主义, 75, 83, 110, 111; inclusive, 包容性法律实证主义, 92—97; and judge/courts, 与法官/法院, 113, 114—115; and law as running out, 与法律用尽, 114—115; and legal validity, 与法律效力, 4; and morality, 与道德, 92—97, 109, 113—114, 115; and moral legitimacy, 与道德正当性, 121—122; and normativity, 与规范性, 110—115; and social facts, 与社会事实, 4; and what law is vs. ought to be, 与法律是什么和法律应当是什么, 5

legal powers, 合法权力, 2

legal principles: as best possible justufucation, 法律原则: 最佳可能证立, 87, 88, 89, 91—92, 107; defined, 界定, 85—87; and judicial discretion, 与司法自由裁量权, 87, 88; and legal error, 与法律谬误, 96—97; and legal rules, 与法律规则, 85—92; and rules of recognition, 与承认规则, 87; and unsettled cases, 与无法解决的案件, 87—88

legal realism, 法律现实主义, 30—33, 34

legal system, 法律体系, 17—19

legal validity, 法律效力, 2, 3—4; antireductionist explanation of, 对法律效力的反还原主义解释, 19; and basic norm, 与基础规范, 19, 20—21, 25; conditions of, 法律效力的条件, 7—8, 126, 134; detachment from morality, 与道德分离, 6, 7, 14, 92, 109, 110; and efficacy, 与实效, 19; as essentially contested concept, 本质上可争议的概念, 134; general conditions for, 法律效力的一般条件, 3—4, 14; and Hart, 与哈特, 35, 116; and interpretation, 与解释, 29; and Kelsen, 与凯尔森, 35; and legal normativity, 与法律的规范性, 25; and legal system, 与法律体系, 18 注释 10, 19; and morality, 与道德, 4—7, 14, 88, 92,

93,94,109,110,116;nonreductive explanation of,对法律效力的非还原论解释,17,35;as phase-sortal concept,阶段分类性的概念,133;and place and time,时空,3,19;reductive explanation of,对法律效力的还原论解释,28;and rules of recognition,与承认规则,49—51,75 注释 16,83;and social facts,与社会事实,3—4,24—25,28;and social rules,与社会规则,51—52;and sovereignty,与主权者,47;and what law ought to be,与法律应当是什么,69

legislature,立法机关,36,85;and collective agency,集体动力,155;and compromise,与妥协,154—155;and interpretation,与解释,105;and judges,与法官,90;and language,与语言,154—157;and legislation as strategic behavior,作为策略性行为的立法,154,155—156,157,158

Leiter,Brian,布莱恩·莱特,30,31,33

Lewis,David,大卫·刘易斯,74,79

MacCormick,Neil,尼尔·麦考密克,116 注释 13

meaning,意义,15—16,29,99

Moore,Michael,迈克尔·摩尔,122

Morality:and authority,道德:与权威,88;basic norm of,道德的基础规范,27;and content of law,与法律的内容,67;and convention,与惯习,95;and Hart,与哈特,58,71,111,112,116,118,122;and Kelsen,与凯尔森,13,14,21,26,71,109;and legal error,与法律谬误,91—92;and legal norms,与法律规范,61;and legal positivism,与法律实证主义,92—97,109,113—114,115,121—122;and legal principles,与法律原则,85,87—92;and legal validity,与法律效力,4—7,88,93,94,116,legal validity detached from,法律效力与道德的分离,6,7,14,92,109,110;and obligation,与义务,5—7,71,72;and point of view,立场,26;and rules of recognition,与承认规则,93,94;and what law is vs,ought to be,与法律是什么和法律应当是什么,97,98

natural law,自然法,4—5,25—26,27

normal justification thesis,通常证立命题,64,65,66

norms/normativity:and American legal realism,规范/规范性:与美国法律现实主义,30,32—33;as authoritative instructions,作为权威性指令的规范,73;and authority,与权威,60—73;as binding,有约束力的规范,58;and commands,与命令,38;and conditional imperatives,附条件的规则,27,conditions detached from content of,效力的条件与内容相分离,5,conflict of,规范的冲突,149;and conflict of law,与法律的冲突,145—146;conventional,惯习性规范,74;for creating new normative relations,创制新的规范关系的规范,38;and descriptive propositions,与描述性命题,116—118;different types of,不同类别的规范,41—42;diversity of,规范的多样性88;as efficacious,作为有实效性的规范,19;and factual aspects of law,法律的事实方面,7—8;and function or purpose of law,与法律的功能或目的,119—120;as guiding conduct,作为指导行为的规范,40;and Hart,与哈特,35,36,40,48,119;as instructions of some to guide conduct of others,作为一些人为了指导他人的行为而发布的指示,67;and internal point of view,与内在观点,133;and interpretation,与解释,15—16,29;and jurisprudence,法理学,126;and Kelsen,与凯尔森,25—27,40,54—55;kinds of reasons provided by,规范所提供的各种理由,5;and language,与语言,138—139,140—142;and legal content,与法律内容,9;and legal positivism,与法律实证主义,110—115;and legal validity,与法律效力,2,3,4,25,88,89,133;legal *vs.* moral,法律的和道德的,26,27;and morality,与道德,6;and moral norms,与道德规范,61;nonreductive explanation of,对规范性的非还原主义解释,17;and obligation,与义务,57;as ought statements,应然性陈述,20;and ought *vs.* is statements,应然性陈述与实然性陈述,17;and point of view,立场,26—28;and positive law,与实在法,22;as prescriptive,作为规定性的规范,1,2;and Raz,与拉兹,60;as reducible to one general form,作为能够被还原为一种一般形式的规范,40—42;of relevance about legislative implication, 157—58; and rules of recognition, 与承认规则, 81, 82, 88; and social norms, 与社会规范, 61; and social rules, 与社会规则, 51—52; of strategic conversation, 策略性会话, 158; systematic nature of, 规范的系统性, 17—19; as ultimately addressed to officials, 作为最终指向官员的规范, 39—41; and valid reason for action, 与行动的有效理由, 25—26

obedience, 服从, 45, 46, 47, 54

obligation, 义务, 1; all-tings-considered, 通盘考虑, 6; and authority, 与权威, 61—62, 63—67, 70, 71; and belief, 与信念, 71; and Hart, 与哈特, 57, 71—72; identity related, 与身份相关的, 72; and Kelsen, 与凯尔森, 26, 28; legal vs. moral, 法律义务与道德义务, 5—7, 26, 71, 72; nature of, 义务的性质, 2, 6; and normativity, 与规范性, 57; and point of view, 与立场, 26, 71, 72; and power-conferring law, 与权力授予之法, 39; as predictive statement of consequences, 作为对后果的预测性陈述, 6; and reasons for action, 与行动理由, 65; and rules of recognition, 与承认规则, 58, 81, 82

Perry, Stephen, 斯蒂芬·佩里, 119, 122, 123

point of view, 立场, 23; grounding of, 立场的基础, 27; internal, 内在观点, 53—55, 123, 130—135; and normativity, 与规范性, 26—28; and obligation, 与义务, 26, 71, 72; and Reason, 与理由, 27—28; of social rules, 社会规则的立场, 53—55

positive law, 实在法, 29

Postema, Gerald, 杰拉尔德·波斯特玛, 117

power, legal, 法律权力, 37—39

power-conferring rules, 授予权力的规则, 49

pure theory of law, 纯粹法理论, 8, 13

Raz, Joseph, 约瑟夫·拉兹, 62; and authority, 与权威, 8—9, 58, 59, 60, 61, 63—65, 69, 70, 71, 72, 83; and coercion, 与强制, 42—44; and detached normative statements, 与超然的规范性陈述, 54; and Hart, 与哈特, 9; and inclusive legal positivism, 与包容性法律实证主义, 96; and Kelsen, 与凯尔森, 25, 26; and legal systems, 与法律体系, 18; and morality, 与道德, 93

reason/reasoning, 理由/推理, 22; and content of law, 与法律的内容, 67; and Kelsen, 与凯尔森, 26; and legal positivism, 与法律实证主义, 113; and legal principles, 与法律原则, 85, 87—92; and point of view, 与立场, 27—28; and Raz, 与拉兹, 42, 44; and rules, 与规则, 47

reasons: and authority, 理由: 与权威, 70; for following rules, 遵守规则的理由, 57—58; identity-related, 与身份相关的理由, 70; for rules of recognition, 承认规则的存在理由, 78—79; and social norms, 与社会规范, 95

reasons for action, 行动理由, 1, 2, 13; and authority, 与权威, 62; and conventional rules, 与惯习性规则, 77, 78; identity-reated, 与身份相关的, 62—63, 64, 68; and internal point of view, 内在观点, 130, 131, 134—135; and Kelsen, 与凯尔森, 28; and legal instructions, 与法律指示, 143; and obligation, 与义务, 65; provided by legal norms, 法律规范所提供的理由, 5; and social rules, 与社会规则, 52, 124

reduction, 还原, 12—13, 28—34; and Austin, 与奥斯丁, 44; and authority, 与权威, 73; and Hart, 与哈特, 8, 35, 48, 51, 52, 53, 55, 71—72, 73, 83; and internal point of view, 与内在观点, 131; and Kelsen, 与凯尔森, 8, 14, 15, 19, 20, 28—29, 30, 35; and legal validity, 与法律效力, 28; and object of inquiry, 研究对象, 28, 29, 30; of one type of theory to another, 将一种理论还原为另一种, 29—34; and relativism, 与相对主义, 23—25; to social facts, 还原为社会事实, 14—15; and social rules, 与社会规则, 52, 53

reductive-displacement theory, 还原性替代理论, 30

relativism, 相对主义, 22; and antireductionism, 与反还原论, 23—25; and contingent circumstances,情境条件,24;and legal validity,与法律效力,24—25

revolution,革命,22

rights,权利,2,39

rule of law,法治,11

rules:about rules,有关规则的规则,48—49;as binding/reason-giving,具有约束力/理由给予的规则,54,55;as creating new norms or modifying existing ones,创制新的规范或者修改现有规范的规则,49;as guiding conduct,指导行为的规则,48,49;legal,法律规则,85—92;practice theory of,规则的实践理论,57,58;primary,初级规则,48—49,118;purposes of,规则的目的,149,150;reasons for following,遵守规则的理由,57—58;and regularities of behavior,行为规律性,48,54;secondary,次级规则,48—49,56注释26,118—19. See also conventional rules;social rules,亦见惯习性规则;社会规则

rules of recognition,承认规则,49—51,60;as arbitrary,作为任意的承认规则,80-81;and authority,与权威,73—83;and the basic norm,与基础规范,49—50;as compliance dependent,作为顺应依赖的承认规则,80,81;as constitutive,作为构成性的承认规则,82;as constitutive convention,作为构成性惯习的承认规则,79,82;as conventions,作为惯习的承认规则,80—82;and coordination,与协调,78,79,81,82;defined,界定,49;and Dworkin,与德沃金,75—76,77;hierarchical structure of,承认规则的层级结构,50;and judge and other legal officials,与法官和其他法律官员,55—56;and legal principles,与法律原则,87;and legal validity,与法律效力,49—51,75注释16,83;and morality,与道德,93,94;normativity of,承认规则的规范性,81,82;and obligation,与义务,58,81,82;reasons for,承认规则的存在理由,78—79;and social conventions,与社会惯习,74—75,95—96;and social facts,与社会事实,51

sanctions,制裁,37,38,40,41—44. See also coercion;force,亦见强制;暴力

Schroeder, Mark, 马克·施罗德, 24 注释 19

social facts: and Austin, 社会事实: 与奥斯丁, 45; basic norm, 基础规范, 23—24, 25, 28; and Hart, 与哈特, 55, 71—72, 116; and Kelsen, 与凯尔森, 72; and legal positivism, 与法律实证主义, 4; and legal validity, 与法律效力, 3—4, 24—25, 28; reduction of law to, 将法律还原为社会事实, 14—15; and rules of recognition, 与承认规则, 51

social norms, 社会规范, 61, 95

social practice, 社会实践, 113; and Kelsen, 与凯尔森, 19; moral vs. causal explanation of, 道德解释与因果解释, 124—125, 126

social rules: acceptance of, 社会规则的接受, 52; and authority, 与权威, 73; conformity to, 对规则的遵守, 52; as constituting law, 作为确立法律的社会规则, 48—59; as convention, 作为惯习的社会规则, 74; and Dworkin, 与德沃金, 97; external point of view of, 外在观点, 53—54, 55; function of, 社会规则的功能, 123—125; and Hart, 与哈特, 9, 35, 48—59; internal point of view of, 内在观点, 53—55; and normativity, 与规范性, 71; practice theory of, 社会规则的实践理论, 52; and social conventions, 与社会惯习, 60. See also rules, 亦见规则

society, function of law in, 法律在社会中的功能, 40, 123

sovereign/sovereignty, 主权者/主权, 44—48, 57; and Austin, 与奥斯丁, 35, 61; as bound by law, 主权者受法律约束, 67; as constituted by law, 主权者由法律所确立, 45—46; as constituted by rules, 主权由规则所确立, 47—48; and habit of obedience, 与习惯性服从, 46, 47, 54; and Hart, 与哈特, 8, 41, 45, 46, 61; as institution, 作为制度的主权, 47—48; as juridical idea, 主权是法律上的概念, 45—46; and Kelsen, 与凯尔森, 41; law as constituting, 确立主权之法, 37; law as political tool of, 法律作为主权者的政治工具, 36; and legal validity, 与法律效力, 47; and rules of transition and continuity, 过渡或连续的规则, 46—47

substantive normative legal positivism, 实质规范性法律实证主义, 120—122

Thomist Natural Law,托马斯主义自然法,4—5

Value(s),价值,98;evaluation vs. understanding of,对价值的评价与理解 129,132

Waldrom,Jeremy,杰里米·沃尔德伦 119,122,126,127,130

译后记

与海波通完电话，深感译事多艰。窗外各家孩子们装扮奇特，与家人一起准备欢庆犹太普珥节，我却依然忧心于部分语词的翻译，既要避免误读作者也要避免误导读者。翻译自然是一件费力不讨好的事情，语言转化必然无法精确传达原语言的所有含义，这恰恰也是语言本身的局限所在。加之分析法学作品的语言风格相当繁复，只有深入进去方能领悟它的精髓，明晰的论证和阐释是其声誉日隆的重要原因。马默教授（Andrei Marmor）是当代英美法哲学界的中坚力量，长期关注分析法学、法律解释学以及道德哲学的一般理论。在这本小册子中，他集中讨论了近年来英美法学界关于"法律是什么"以及"法律理论的性质是什么"的理论论争，向我们展示了一幅关于当代英美法哲学的完美图景。

本书的译事说来也巧，初读此书是在2011年底，浏览过后便觉得本书文理清晰、论证严密，是一本关于法律实证主义核心命题的佳作，于是便有了将它译出的想法。后在一次偶然的交谈中从宏彬那里得知，海波也有翻译本书的想法，于是我们决定一起来完成这项翻译工作。一来这样可以减少我们的工作量，二来互相校对也更加稳妥。我们的具体分工如下：由海波负责导论和前三章，并撰写序言；我负责翻译后三章和索引。初稿完成之后，我们各自校对一遍、互校一遍，最终由海波统校并统稿。我们力图保留原文的行文风格和句法结构，以尽可能简洁的语言将作者的意思传达出来，这也正是分析法学本身所想要带给人们的那种一贯的清晰。毕竟，译者只是作为一个媒介，而并无权利按照自身的理解和习惯来诠释作品，唯求真实可信。

翻译过程中我们得到众多老师的关心和帮助：感谢马默教授对我们的信任，并慷慨惠赐中文版序言，以及对我们在翻译过程中提出的问题进行耐心解答，并不时关心我们翻译的进度；感谢我们的授业恩师北京大学法学院的张骐教授和中国政法大学的舒国滢教授，他们长期以来对两位译者的教诲、鼓励和鞭策，是我们在学习和研究道路上不断前行的动力；感谢以色列耶路撒冷希伯来大学大卫·伊诺克教授和美国明尼苏达大学布莱恩·比克斯教授对我们翻译本书的肯定，并给出了一些关于翻译的宝贵意见；感谢西北政法大学邱昭继副教授为我们提供各种翻译的技巧，并对译文提出极富价值的意见。

此外，还要感谢汪雄、沈宏彬、郑玉双、王琳、宋旭光、付子醒、陈坤、高尚、王复春、邵六益、董静妹、潘登、刘华煜、丁建亮、陈雅萍、赵英男等诸位学友的关心和帮助，使得本书的翻译得以最终顺利完成。山东大学法学院2012级法理学研究生彭宁同学阅读了本书的初稿，并提出了许多有益的意见。在本书最后的审校过程中，北京大学出版社的白丽丽编辑也对全书提出了许多有益的修改建议，在此一并表示感谢。

最后特别要感谢北京大学出版社的王琳琳编辑，感谢她对我们两位译者的信任和支持，没有她的帮助本书恐怕很难与读者见面。我在耶路撒冷访学期间学术科研任务繁重，一再耽误了交稿的时间，而她对此却给予了最大限度的包容和支持。

文章千古事，得失寸心知。译者才疏学浅，尽管我们已经尽了最大的努力，但深知其中纰漏和错误不可避免，在本书即将付梓印刷之际，我们诚惶诚恐地将之交到各位读者诸君的面前，因为这才是我们承担责任的开始，既对作者也对读者。我们的电邮是：sunhaibo@pku.edu.cn；1202010003@cupl.edu.cn。欢迎各位读者批评指正，我们将不胜感激！

王进

2014年3月12日

于耶路撒冷十字架山谷

再版后记

我和王进从2013年开始着手翻译本书,2014年北大出版社正式推出中译本,转眼间近十年光阴竟已逝去。

这本小书自出版后颇受欢迎,或被当作教材,或被当作课外阅读资料,时常会有人提起。直到一年前有学友告诉我该书在市面上已经很难买到,不少书商更是在网络上卖到了三四百元一本的价格,超出其原定价(28元)的十倍之多。本书的原责任编辑早已离职,一时不知道出版社是否有再版的意向。

不久前突然收到北大出版社吴佩桢编辑的邮件,她在信中告诉我该书现已售罄,考虑到其市场反响不错,出版社计划重印,并给了我们相当充足的修订时间。得知此消息后,我第一时间通知了王进老师,并商定好大致的修订计划。

在修订过程中,我们仔细核对原文,发现了一些明显错译或漏译的地方,同时对一些有失妥当的译法再三斟酌后也做了相应改进。

2014年本书出版之后,我恰好获得中国国家留学基金委的资助,在马默教授的指导下前往南加州大学法学院从事访问研究。我们第一次见面的场景就好像在昨日,我记得他一边抽电子烟一边起身从办公室书架上拿了本德沃金的《认真对待权利》(*Taking Rights Seriously*)给我,让我回家后阅读第二章"规则模式一",从中提炼出该章最为核心的命题,并建议我写作两页篇幅的"comment"。我心想,这一章是德沃金批判法律实证主义的名篇,其中提出了法律原则的概念,应该没啥难度吧。回去之后两天就写好了,随后发给马默教授,他很快就回信告诉我并没有抓住这一章最为核心的论题,建议我继续思考、重新写作。接下来,我又用了将近一周的时间,重新写了一个评论发给他,他表示我仍然没有把握住该章最为重要的内容。一周之后,带着这种困惑和惭愧同他见面了,他深沉地告诉我这一章在他看来,最重要的主题并不是德沃金对法律实证主义的批判,也不是法律规则与法律原则的逻辑差异,而是"原则何以能够成为法律原则"(Why principle becomes legal?)。

从每次马默教授返回给我的文档中,都能看到密密麻麻的批注,有的甚至多达五六十个批注,涉及语言表达、语法结构、内容观点等方方面面。我清晰地记得,在文档的某个下结论的地方,他提醒我"结论并不能代替论证",并在旁边写下了"slow! slow! slow!",严肃地告诫我,当你在行文过程中遇到难以处理的棘手问题时,不要想着怎么跳跃或糊弄过去,而是要放慢速度、停下来,认真思考,如何能够通过论证和说理的方式来处理这个难题,你所轻易跳过的内容很有可能是这篇文章真正能够散发真理之处。这句话,我一直记在心里,时时刻刻提醒自己,每当我要写下一个结论或表达一个观点的时候,马默教授的教诲就会浮上心头。

在我的访问研究快结束之际,马默教授的夫人被任命为康奈尔大学校长,马默教授随夫人前往康奈尔大学法学院任教,我们甚至没有正式地见面告别。此后不久发生了令人很悲伤的故事。怕打扰到他,我也再也没有和他联系过。

待本书新版出版之后,我将第一时间把新书邮寄给马默教授,相信他看到后一定会很开心。

本书修订过程中,华东政法大学魏金荣学友给予了宝贵帮助,他通读书稿发现了不少错误,并提出了相应修改的建议。感谢吴佩桢老师出色的编辑工作,使得本书以如此精美的样貌呈现在读者面前。

如马默教授所言,法哲学具有一般性,它并不关联特定的地域和文化,而是具有穿越国界和语言的能力。法律的性质是什么,它是否能够和道德必然地分离,依然是全世界法哲学家们倾心探讨的问题。

  法哲学之树长青! 欢迎各位读者朋友继续批评和指正,祝愿中国的法哲学事业在未来有更好的发展!

孙海波

2023 年初

于中国政法大学科研楼